資本主義から脱却せよ

貨幣を人びとの手に取り戻す

松尾匡　井上智洋　高橋真矢

光文社新書

プロローグ　私たちの「借金」とは何か？——高橋真矢

刷り込まれる「ストーリー」

私がまだ10代だった頃、ある凶悪犯罪が世間を賑わせた。犯人は幼い子どもたち複数人を猟奇的に殺傷し、新聞社に犯行声明まで送り付けた。やがて犯人が逮捕され14歳の中学生だったことが判明すると、メディアも世間もそれまで以上に白熱し、不安や戸惑いのムードが日本中を覆った。我が子を「少年A」にしないために、あるいは少年たちに「命の大切さ」を学ばせるために、教育はどうあるべきなのかが熱心に議論された。少年法改正の是非にまで話は及び、反響は多大であった。

その後も幾つかの少年犯罪がクローズアップされ、「キレる若者」「現代社会の闇」といった様々な言葉が氾濫し、いつの間にか定着した。

しばらくしてから、今度は違った意味で私は衝撃を受けた。当時、既に少年犯罪がとてつもなく「減少」していたという事実を知ったからだ。少年犯罪に限らず、凶悪犯罪そのものが減少していた。

戦前も戦後（特に昭和40年代くらいまで）も、殺人や強姦などの凶悪犯罪は、平成に比べて件数も人口比率で見ても極めて高い数値を叩き出している。平成の終わり頃になると昭和のピーク時に比べ殺人認知件数は３分の１以下になり、戦後最少を更新している。少子化で人口が減少しているとはいえ、３分の１も人間が減ったわけではない。平成の日本は昭和に比べると、圧倒的な治安の改善を成し遂げていたのだ。

ということを述べると、少なくない人が違和感を示し、場合によっては反感さえ買ってしまう。現代社会ではますます秩序が乱れ、理解不能な犯罪が多発しているという「ストーリー」に多くの人が馴染んでいるからだ。

言葉が流通し、人びとの頭の中には後付け的に様々なストーリーが生まれ、やがて新たな現実として結実する。そうなってから、「凶悪犯罪はむしろ減少しています」と言われたところで、すんなりと受け止めるのはなかなか難しい。

すべての前提として語られる「日本にはお金がない」

「少年A」事件が起こった同年は、山一證券や北海道拓殖銀行の破綻、アジア通貨危機、消費税が5％に増税されるなど経済的なトピックも目立った。

翌年以降から、日本の自殺者数は一気に跳ね上がり3万人を突破、その多くが中高年だった。この状況はその後10年以上も続き、戦争や内戦を想起させるほどの死者数を更新していった。

おそらく1990年代後半のこの頃からだろうか。

もはや企業も国も頼ることはできない、一方で消費税や社会保険料の負担が増えようとも国民一丸となって支え合わないといけない……。学生の頃から将来の年金を心配するような雰囲気が、徐々に醸成されていったのだ。

また、「国の借金」という言葉も普及し始めた。誰が誰に借りているのかもよくわからないまま、とにかく「みんなで返さなければいけない」というストーリーが形成された。「国にお金がない」ことはすべての物事の前提となった。

介護、医療、教育、科学、文化、災害対策などなど、あらゆる現場では「予算がない」という言葉が、殺し文句として使われてきたことだろう。

「予算がない」

だから諦めてね、我慢してね、だけどもっと頑張ってね、と。

私たちは豊かなのか、貧しいのか？

本書では徹頭徹尾「国には予算も財源もある」という前提に立っている。しかし、この前提が人びとの認知的不協和を引き起こし、時に反感さえ買うこともあるだろう。

それはそうかもしれない。報道でも繰り返し繰り返し「国の借金は一人あたり800万円以上も蓄積され、将来世代への負担が増大している」と聞かされて、「節約こそ正義」というストーリーの中で、みんな自己努力で悪戦苦闘してきたのだから。

生涯安定して働ける場所は減っていて、将来の年金も期待できないから物が溢れかえっている世の中でも朝から晩まで忙しく働かないといけない。それでも「貧しい途上国」へのチャリティー番組なんかを見ていると「私は貧しい」なんてとても言えない。

これが現代的な欠乏感覚であり、豊かな社会における「お金がない」という状況は常に

「認知的不協和」を引き起こす。

一体、私たちは豊かなのか、貧しいのか？

「でも、今はみんなスマホを持っているじゃないか」

この言葉は、何だかんだ言っても世の中はどんどん便利になっているし、現代日本に欠乏などない、ということを表現する便利な言い回しとしてよく使われる。昔は誰も持っていなかったものを今や誰でも持ち歩いている、というわけだ。

確かに、洗濯板でゴシゴシと洗濯をしていた時代には、経済の成長＝技術の進歩＝暮らしの向上、というストーリーに信憑性があった。技術進歩で社会は効率的になり、その分みんなの生活は豊かになるというわけだ。

これが【車＋マイホーム＋子供の教育費】＋スマートフォンの代金を賄《まかな》えているという意味ならば、確かに生活は向上したと言えるかもしれない。しかし、スマートフォンの代金を賄えても、【車＋マイホーム＋子供の教育費】を賄えない人はすでに「普通」になっている。スマホを解約したところで、住宅ローンが組めるようになるわけでもない。

マイホームというもの自体が時代遅れなのかもしれない。しかし、そもそもなぜ８４８万９０００戸も住宅が余り（総務省統計局平成30年住宅・土地統計調査　特別集計）、２０３０年には３軒に１軒が空き家になる時代に、住宅ローンや家賃の支払いに四苦八苦しているのか、ということに、そろそろ私たちは認知的不協和を覚えるべきなのだ。

まるでスマホやＡＩの進化と引き換えに、私たちは安心できる生活を失っていくかのようだ。

新しいストーリーの「発明」

どうやら経済の仕組みに問題があるらしい。

歴史上の、あるいは現代の発明家たちの良心を信じれば、人の役に立ちたいという志がスタート地点だったはずだ。科学者が癌《がん》の治療法を発明したとして、それが実際に一部の人しか受けられない治療になってしまえば、残念ではないだろうか。

そう、テクノロジーの進歩に加えて、新しい経済に関するストーリーを「発明」する必要がある。

生活のために働き、生活を犠牲にする。そうではなく、経済とは本来みんなの生活を良くする、もっと言えば、みんなを幸せにするための土台であるはずだ。

アメリカン・ドリーム的なストーリーでは、確かに勝者は巨万の富を得る。しかし、うまくいかなかった場合は家の外でテントを張って生活するところまできている（アメリカのホームレス数は50万人以上だと推計されている）。

これを「選択の自由」と言えるだろうか？　もっと普通の選択肢はないのだろうか？

いや、あるにはあるのだが、いわゆるリッチ組でもなくテント組でもない「中間層」自体がジリジリとテント組に近づいてきていて、地盤沈下が起こっている。

いわゆる「働き方」もそうだ。非正規雇用という働き方も「選べますよ」と言われたとき、それは経済の衰退が「働き方の多様化」というストーリーに置き換わってはいないだろうか？

誰もが安心して有休や育休を取ることができる。あるいは所得が減ることもなく、週半ばの水曜日が休みの週休3日制となる。これらも経済成長の一つのストーリーである。技術が進歩して便利になり、その分人間はゆっくり休める。モノやサービスを次々と生み出すだけが、成長ではない。

しかし、経済とは自分たちの意思の及ばないものだ、という感覚が私たちの中に強く根付いてしまっている。「景気が悪い」という言葉は、まるで気候の変動のように「天気が悪い」

くらいの意味で使われ、もはやそれは常態化され「そういう時代だから」というストーリーになっている。

私たちが唯一持っているものは、あらかじめ用意されている乏しいメニューの中から、なるべくより良いものを「選択する自由」である。

しかし、物事の解決法を「選択の自由」に委ねることが、「さらなる罠」を用意する場合もある。

そして、それはもはや一つのライフスタイルを形成している。

婚活市場（恋愛市場）を例にとってみよう。自分で選ぶことができる自由、それは一面いいことである一方で、裏返すと「選ばれる」立場になるということであり、「選ばれない」立場にもなりうるということだ。これは完全に表裏一体である。

「選択の自由」市場では当然自分も採点される側にならないといけない。人気投票にエントリーして点数化されなければならない。

「選ぶ」ならより良いものを選びたい、それなら年収や身長や顔面偏差値が高い方をどうせなら選びたい、となってくる。仮にうまくマッチングが成功しても安定してはいられない。

「選択の自由」はその後も続くから、試してみて思っていたものと違うと感じれば関係を清算・抹消して、次の選択をすれば良いとなる。商品が大抵、購入した時点での価値が最も高く、時が経つにつれて新鮮度は薄れ価値も目減りしていくのと同じだ。

好ましい相手が見つからないと思っていたら、自分も相手からそう見なされている（選択の対象ではない）というオーディションを日常的にみんながプレイしているということ。

それだけではない。採点されること、天秤にかけられること、つまり選択の過程で商品のように吟味され、値踏みされること自体が、時に人の尊厳を貶めることもあるだろう。

隣の芝生は青く見える。欲望を与えられ、追いかけさせられ、常に惑わされる私たちは何て「不自由」なんだろう——。

ネガティブからポジティブへの反転

豊かな現代に生きるはずの私たちが将来への不安や焦りを感じている根源的な理由の一つは、人生そのものが大きな負債（借り）を返すために成り立っているからである、と言うことができる。

私たちは住宅ローンを、借りている部屋の家賃を支払うために、自分の時間を投資して返済日という未来をずっと追いかける。子どもや学生だって同じだ。将来のために時間を投資する。あらゆる人間関係さえも「自分を高く買ってもらう」ための投資行動となる。

しかし今や、人生の時間を投資した先に待っているのは年金さえ返ってこないかもしれない未来である。私たちの時間は、もはや不良債権になりつつある。

私たちはこの本で、違う新たなストーリーを提示したい。そこでは「返済日という未来」をずっと追いかけるのではなく、追いかけていたはずの未来こそが人生のスタート地点になるということ。つまり、ネガティブからポジティブへの反転である。

＊　＊　＊

プロローグの最後に、本書の成り立ちを説明しておこう。

私が自主開催していた勉強会で、経済学者の松尾匡さんをゲスト講師としてお招きしたのが２０１４年だった。

もう一人の経済学者、井上智洋さんのことは、彼が大学院生の時に書いた論文を２０１２年に読んで初めて知ったが、実際に初めてお会いしたのは２０１６年である。翌年にはゲスト講師として勉強会に来てもらった。

以降、お二人とは交流を重ねるようになっていった。

本書の企画が正式に立ち上がったのは２０１８年である。私が投げたテーマを三人で語り合い、文字に起こし、加筆修正を行い、原稿が出揃ったのは、２０２０年３月頃だった。やがて緊急事態宣言が出て、さらに時を経て、２０２１年にようやく出版の運びとなった。

その間、私は失業者となり、コロナ以前の世界が遠い過去のようになってしまった時間感覚を抱いている。一方で、経済情勢への認識は変わらない。

税や社会保険の負担が増し、雇用が不安定化し、人びとの所得が減少していけば経済は回りようもない。所得や資産の格差は、さらなる格差へと拡大し、社会には縦に長い序列ができ上がる。そこで結ばれるのは「自由意志による契約」の様相を呈しながらも、その実、隷属関係である。

こんなことは、経済理論というより、日本経済が停滞を続ける中で育ってきた一人として抱く素朴な生活実感である。

一方で、物事を深く知り、常識が覆っていくことに驚き、新しい発見を追求する喜びが学術的営みには存在する。

いずれにしても、現役不安定ワーカー（現在は失業者）と経済学者がタッグを組んだ書籍というのはあまり存在しないのではないだろうか。

各自の見解は微妙に異なっている箇所もあるが、三者三様の話を聞くことで物事の理解がクリアになることは多々ある。

私自身も様々な友人知人と対話を重ねることで理解を深めてきた。その痕跡は、本書の中でも随所にちりばめられている。

資本主義から脱却せよ　目次

プロローグ　私たちの「借金」とは何か？――高橋真矢　3

刷り込まれる「ストーリー」……3

すべての前提として語られる「日本にはお金がない」……5

私たちは豊かなのか、貧しいのか？……6

新しいストーリーの「発明」……8

ネガティブからポジティブへの反転……11

第一章　そもそも、お金とは何か？――高橋真矢　27

「円」前夜の日本……30

明治政府の誕生――「円」による納税のルーツ……31

「円」の誕生……33

贈与（ギフト）と共有（シェア）……35

「貸し借り」の歴史……37

世界最古の文字に書かれていたものは……39
資本主義・産業革命の土台を築いた金と銀と奴隷……40
近代的銀行のスタート……44
消えていく現金……48
政府の「お金の無駄使い」とは何か？……50
「多彩な能力を身につけた失業者」が発生する社会……52
「生産性が高い」とは？……54
インフレへの懸念……57
為替変動への懸念……59
「国の借金問題」＝「国語の問題」……61
政府はお金をどのように創り出すのか……64
コラム　国債は実際になくせるか？……73

第二章　債務棒引き制度はなぜ、どの程度必要か――松尾匡　75
「感じる私」と「考える私」……77
バンク（銀行）が自由を圧殺する……79
国の借金は棒引きすべきだ……81

第三章　現代資本主義の問題点――井上智洋　85
出口なしの資本主義「資本主義リアリズム」とは？……87
資本主義からの脱却「加速主義」とは？……89
なぜ貨幣制度の変革が必要なのか？……92

第四章　私たちは何を取り戻すべきなのか――高橋真矢　97
民間の借金は景気がよいときほど増える……99
バブルと不況は紙一重……101
政府は私たちの自由を守る役割を持っている……105

税は財源ではなく、富の独占と集中を防ぐための役割……107
グローバル社会で語られる「自然の法則」……108
ベーシックスペース（新・地租改正）……111

第五章　銀行中心の貨幣制度から
国民中心の貨幣制度へ——井上智洋　115

現代の三つの貨幣制度……117
万年筆マネー、キーストロークマネー……119
信用創造の罠
——「異次元の金融緩和」はなぜうまくいっていないか……121
ヘリコプターマネーとは何か？……124
なぜ日本にはヘリコプターマネーに反対する人が多いのか？……126
貨幣発行益を配当せよ……131
信用創造廃止論……133

国民中心の貨幣制度
——それはどんな幸福をもたらすか？……136

第六章　信用創造を廃止し、貨幣発行を公有化する——松尾匡　141

社会から乖離する貨幣の創られ方……143
中央銀行の独立とは、銀行界の言いなりになること……146
貨幣発行を公有化するヘリマネ論……147
国債を中央銀行が買う政府支出はヘリマネと同じ……148
国債を民間で持たせる政府支出ではなぜダメなのか……150
「ニューケインジアン」の発展バージョン……153
信用創造批判派の主張と等しいＭＭＴ……155
信用創造が合理的だった時代……156
投資が興らない時代の信用創造は
リスク・決定・責任が矛盾する……159
投資の社会化……162

対立の根源……163
価値観の違いはどこにあるのか……165
ＭＭＴの理屈の大前提……168
「納税＝財源支え合い」論の本質……170
ヘリマネを何に使うのか――私が提唱するシステム……172
景気へのプラス、インフレの抑制……176
新しい時代に沿ったシステムへ……178

第七章　「すべての人びと」が恩恵を受ける経済のあり方とは？――高橋真矢　181

人生の最期に人は何を後悔するか……183
コロナ禍と特別定額給付金……184
「すべての人びと」が恩恵を受ける経済のあり方……186
3つのベーシック――新・3Ｂ政策……188
ベーシックスペース（ＢＳ）……188

ベーシックジョブ（ＢＪ）……189
ベーシックインカム（ＢＩ）……190
市場（しじょう）の隆盛と市場（いちば）の没落……194
見えなくなってしまう人びと……197

第八章　淘汰と緊縮へのコロナショックドクトリン――松尾匡　199

政府を「愚か者」と描くのはやめよう……200
日本の支配層の基本路線……202
支配層にとってコロナ禍は最大のチャンス……204
時系列で見るコロナショックドクトリン……206
淘汰の手段としてのコロナ……214
「サッチャー主義者」が考えていること……217
「骨の髄まで新自由主義者」日本の支配層が描く未来……219

第九章　「選択の自由」の罠からの解放――高橋真矢　223
進む民営化、止まらぬ独占……224
自由は私たちを「幸せ」にするか？……226

第十章　「考える私」「感じる私」にとっての選択――松尾匡　229
選択肢が増えると人は不幸になる？……231
真に自由な社会とは？……233
「生きているだけの私」による試行錯誤の選択……236
依存症になる選択肢はなぜ規制できるか……238
「考える私」にとっての幸福とは？……241

第十一章　脱労働社会における人間の価値について――井上智洋　247
「脱労働社会」は実現するか……249
未来社会に必要なベーシックインカム……250

バーチャル・リアリティの発達した社会は悪夢か？……253

エピローグ　不平等の拡大と個人空間化――高橋真矢　259

経済的不平等は解決できるか？……259
「誰かと共に生きていく」者と「誰とも共に生きない」者の分離……261
単身社会と孤独死の増加……264
「契約的人間関係」の時代……265
この時代に結婚する動機はどこから生まれてくるか？……267
「誰とも親密に関わらない」という選択……270
「コミュニティからの自由」と「関係性の喪失」……272
「個人空間」の誕生……274
人間の条件……276
他者と「出会えない」社会……278
「民主主義の起源は、変革期の地方の酒場にある」……281

ベーシックスペースなき社会……282

謝辞　289

第一章

そもそも、お金とは何か？――高橋真矢

もし、あなたの職場が「これからは給料をお金ではなく、食料品や生活必需品を直接支給します」と発表したら、賛成するだろうか？

例えば、米５キロ、醤油２００ミリリットル、キャベツ４つ、トイレットペーパー５ロール、靴下３足、マスク２枚……。これはちょっと困るかもしれない。

朝食にはパンを食べる家庭もあれば、米を食べる家庭もある。何か特定の献立を押しつけてしまえば、それぞれの家庭の個性や自由は尊重されない。朝食に限らず、お金には「生活の献立」をそれぞれのやり方で組み立てる自由を保障する機能がある。

一方で、お金が生活の隅々にまで浸透してしまうことに、私たちはしばしば抵抗を感じる。誕生日のプレゼントとして友達から直接お金を差し出されたら変に感じるだろうし、電車でお年寄りや妊婦さんに席を譲って請求書を渡す人もまたいないだろう。お金では買えないもの、お金では支払いたくない瞬間が、無数に存在する。

他方で、こうした善意がお金を支払わない口実に使われることもある。経営者が「お金がなくても人は感動があれば生きていける」と言って従業員にサービス残業を強要したとしても、その企業がサービスを提供する時にはお金をしっかり請求するだろう。

女性の約3人に1人、男性の約4人に1人が高齢者であり、高齢化率が世界最高の日本において、介護や医療の社会保障サービスに莫大な人手が必要になるのは当然である。したがって、介護や看護に従事する人たちの待遇、つまり給与水準を向上させ、人員を拡充し、現場の負担を軽くすることも当然である。単なる、正当な報酬の請求だからだ。

しかし、同時に大きな諦めムードが漂っていることも事実である。これは特定の業界に限らない。日本のあらゆる現場で、ブラック企業症候群とでも言うべき現象が生じている。それは、組織の末端に至るまで、奇妙な〝経営者感覚〟なるものが浸透してしまっていることだ。だからどんなに劣悪な条件で働かされても、条件の改善を求めるのではなく「自分達が我慢しないと経営が成り立たないから」などと言ったりする。

その究極は、日本の財政破綻論である。

サービスへの対価が「安くなった日本」には外国人旅行客が大量に訪れるようになり、あるいは日本から海外へと出掛けることで実感する「安くなった日本」。かつては「経済さえ良ければいいのか」という言説が流布されたこともあったが、日本経済の相対的価値は順当に低下している。

この章では、日本の財政破綻があり得ないこと、次いで「お金」そのものについての解明、これらが交差しつつ展開される。

「円」前夜の日本

かつて、まだ「円」が存在していなかった頃の日本では、驚くほど多様な種類と単位のお金が入り乱れて流通していた。まず、金貨には小判・大判・一分金《いちぶきん》などがあり、単位は両《りょう》とされ、銀貨は豆板銀《まめいぎん》、丁銀《ちょうぎん》、一分銀《いちぶぎん》などがあり、単位は匁《もんめ》や貫《かん》、さらに銅銭は……といった具合に。

これらに加えて、各藩が独自に発行していた紙幣である藩札があり、円という共通単位が設定される直前には、少なくとも１６９０を超える藩札の存在が報告されたという。また、寺や神社、あるいは有力商人が独自に発行した私札も存在した。

海外旅行で「円」をドルや元やバーツに替えるように、東日本と西日本、藩と藩、さらには藩の内部においてもお金の「両替」が頻繁に行われた。

そして、公的に義務づけられた「米による支払い」の制度があった。米による納税制度＝年貢である。他には大豆や塩なども税として納められた（現物納税）。

土地の面積や等級（上・中・下でランク付けされた）で「どのくらいの米を生産できるか（＝石高《こくだか》）」が見積もられ、その査定によって年貢として納める米の量も決められた。「百万《ひゃくまん》石《ごく》の大名《だいみょう》」とは、ざっくり言うと年間で100万人分の米（食糧）の収穫が期待できる、巨大な領地（大都市）を有している大名のことを表現している。そのトータルの石高から、税として集められる収穫量（年貢率＝税率）が決められ、武士の給料などに配分されていく。大名の財力、集められる税、武士の給料、これら全ては米の量を表す石《こく》が単位となった。

明治政府の誕生――「円」による納税のルーツ

「円」前夜の日本の外の世界では、いわゆる「自由貿易」が盛んになっていた（第一次グローバル化）。それまで自給自足的な経済を営んでいた人びとの土地は、次々に侵略され植民地となっていった。大量の人間が商品や労働力として、香辛料や絹などと共に船に乗せられ異国へと運搬された。日本も江戸末期には「開港」して、以降は「富国強兵」がスローガンとなった。明治の幕開けだ。
明治政府は、外国に対抗できるよう交通・通信網の整備、造船技術の発展、工場建設推進など国全体の生産力や技術力の向上を目指した。ここで問題となったのは、国全体の資源を結集させ管理運営するほどの力を、その頃の政府はまだ持っていなかったということだ。江戸幕府から引き継いだ基盤は、全国３０００万石のうち幕府直轄地の８００万石だった（これには皇室領なども含まれていたので、幕府の実質的な領地の規模はさらに小さかった）。その他は、会津藩や薩摩藩や尼崎藩など各藩が独立した領地と権限を有していた。いわゆる幕藩体制であり、地方分権的封建制と言ってもいい。

この中央―地方による分散型ネットワークを、より中央集権的な方向へと転換させるために明治政府は様々な手を打った。例えば、２００以上あった藩を政府直轄地とすべく整理・統合し、県と府という行政区分で再編成した。廃藩置県である。もちろん単なる形式や名称の変換が目的ではない。各藩の領主から権限を奪取し、全国３０００万石の資源の管理運営主体を明治政府がより広範に担い、各地域が保持している力を結集させること。つまりは財政規模の拡大である。

しかしこれは同時に、政府に新たな課題を突きつけることでもあった。税の徴収である。

明治といえども、初期にはまだ現物納税が続行中だった。税としての米や大豆や塩やらを全国規模で管理・統制することは、一方で非効率を生み、他方で多大な負担を政府に強いた。町を越え川を渡り、蔵屋敷に貯蔵された米を、湿気やネズミから守るべく対策を講じることも大蔵省（現在の財務省）の仕事となった。

財政規模の拡大、管理の効率化、負担の軽減。これらを一挙に達成するべく推し進められたのが、米による納税（米納）からお金による納税（金納）への転換、つまり「財政の貨幣化」である。そして、これらの総仕上げとして着手されたのが「地租改正」であった。

固定資産税のルーツとなる地租（期待される収穫高ではなく、土地そのものに課せられた税金）は、現在では当たり前となった「円」による納税のルーツでもある。土地所有者は誰もが課税対象となり、これまでは対象外だった町の商人たちにも課税の網が広がった。

「円」の誕生

「財政の貨幣化」によって、国全体の経済を「円」単位で数値化して把握できるようになった。さらに「地租改正」によって、もはや政府は国民から米を集める必要などなくなった。[*1]

税率という数値目標（ノルマ）を提示すればよくなったからだ。

納税者は売買を通じて、米から「円」に変えて納税しなければならない。あるいは、米を作らなくても数値目標さえ達成すればよくなった。土地そのものの売買も頻繁に行われるようになって土地開発が進み、農地だったところに工場が建ち鉄道網が敷かれた。こうした過程において、新しい産業が少しずつ拡大していった。

政府は他方で、各地で流通していた多種多様なお金の回収・廃止、全国統一の新しい紙幣の作成と普及を、明治当初から進めていた。明治政府が創り出し供給した新しい紙幣は、人びとの〝納税証明書〟となり、売買の際にも使われる〝券〟となった。「円」がようやく回り始めたのだ。

結局、明治政府が改革してみせたのは、税のシステムをチケット制に置き換えるということだった。何らかの生産活動をして必要な枚数のチケットを集め提出するというのが、その新しいルールだ。チケットはどこかに埋蔵されていた？　まさか、そんなはずはない。明治政府自身が新しく発行したのだ。今ではすっかりお馴染みの、日本でならどこでも両替なしに使える「円」は、このようにして形成された。

政府はもちろん、自らが発行しているチケットそのものを欲していたわけではない。税という支払い義務をチケット制にすることで、効率的に経済活動を促進させ、日本全体の生産力や技術力を高めることが目的だった。極論すれば、税はチケット制でもスタンプ制でも、数値目標が示せるものであれば何でもよかった。

いや、税に限らない。お金とは「支払い義務の数値化」に他ならないからだ。

実際に私たちは、もうほとんどキャッシュレス社会を生きつつあり、それをよく知っているはずだ。

ただ、私たちは長い時間をかけてキャッシュレス社会に「到達」したのではない。「回帰」しようとしているだけである。

贈与（ギフト）と共有（シェア）

お金の歴史を紐解けば、文字の誕生、数字の誕生にまでたどり着く。

ただし、物々交換の時代に時間の針を戻すことはできない。昔の時代にはもう戻れない、という意味ではなく、日常生活が物々交換で成り立っていた時代など存在しなかったから。

「お金という便利なモノが発明されるまで、人びとは物々交換をしていました」という仮説を立てた人は確かにいて、それが大々的に広まったようだ。実際の記録には残っていなくても、ストーリーとして普及すれば、それが人々にとっての歴史になるという現象は非常に興味深いことだ。私たちが「知っている」ことは、よくよく考えてみると出所不明だったりして、それでも実際に社会は平然と回っている。

人類学でも考古学でも、物々交換が日常生活の中心として機能していた社会の文献や記録は不思議なほど見つかっていない。確認されているのは「例外的／非日常的」な特殊取引としての物々交換だ。村と村の、島と島の、つまり距離が隔てられた信用が通用しない集団同士において、疑心暗鬼と背中合わせに遂行された。実際、物々交換の場では争奪や暴力が頻繁に起こったという。

人類の営みのスタートとして今のところ確認されているのは、交換ではなく贈与（ギフト）であり共有（シェア）だった。収穫物を一箇所に貯蔵して、村のみんなで分け合うような経済のあり方だ。

贈与が最初に存在するということは、原始的な社会だけでなく現代でも同じだ。例えば、お父さんが風邪をひいて、お母さんが看病におかゆを作ってあげた。ある時、お母さんが風邪をひいて今度はお父さんがお母さんに雑炊を作ってあげた。しかし、やがてお父さんはお母さんが風邪をひいても雑炊を作らなくなった。そのうちお母さんもおかゆを作らなくなった。これをお互いの愛や信用がなくなったとは言っても、物々交換が成立しなくなった、とは言わないだろう。

「貸し借り」の歴史

そして人びとの間において、贈与でも物々交換でもない、連綿と続いてきたもう一つの関係性がある。それは「貸し借り」の関係である。

農作物の収穫、魚や肉の猟、加工物の生産、道具や衣類のでき上がりの時期など、タイミングはそれぞれピッタリではなく時間差が生じる。人びとは物々交換が成立するまで、相手を探して回っていたのか？　漁師は釣った魚を交換のために常時持ち歩いていたわけではない。

そうではなく、時間差を越えるために、人びとは「貸したり借りたり」していたのだ。ある程度気心の知れた信用のある者同士ならば、何を貸して何を借りたか、つまり貸借対照表などの記録も一切付けなかっただろう。

しかしこれが、距離感のある関係、あるいは貸し借りの物量が多い場合などは証拠として記録する必要が出てくる。簡単に言えば、「支払いを約束したメモ」である。

例えば、農民が新鮮な魚を得るために漁師を訪ねるが、米の収穫時期はまだ先である。そこで農民は、収穫時に米を引き渡す旨が書かれたメモを漁師に渡す。やがて米の収穫時期になると、漁師はメモを持って農民のもとに訪れ、約束の分の米を受け取る。そこでメモは破棄されるのだ。

しかし漁師は、米の収穫まで待たずに、このメモを持って八百屋に行ってもいいのだ。八百屋がそのメモを受け取ってさえくれれば、天候不順で漁に出られない時でも漁師は食料を得ることができる。今度は八百屋が収穫時にそのメモを持って農民のもとへと訪れ、メモはようやく破棄される。

メモを記した農民に信用がなければ、もちろんこのメモが広く出回ることはない。さらに、そもそもこの農民のことを知らない人は受け取ってくれない。しかし、地域の大商人が約束したメモだった場合はどうだろう。[*2] 二度や三度ばかりでなく、半永久的に回り続けることさえあり得るだろう。

世界最古の文字に書かれていたものは……

そして、この「支払いを約束したメモ」システムは、紀元前までその歴史をさかのぼることができる。人類初期の都市文明の一つ、メソポタミアで使用されていた粘土の銘板に記されたメモがそうである。

これは当初（紀元前８０００年頃）、文字ではなくトークンという「粘土を焼いて固めた物体」で表現されていた。トークンは消しゴムほどの大きさで丸形や円すい形など微妙に違った形状のものが幾つもあり、それらは羊や麦などを粘土で記号化したものだ。例えば、羊５匹を誰かに貸し出した場合は、羊のトークン５つが「支払いを約束したメモ」の代わりとなり、記録としてトークンは保管された。

それが時代を経て、紀元前３５００年頃にはスタンプへと変化した。つまり、羊のトークンを５つ用意して保管するのではなく、羊のトークンで５つのスタンプを押すのだ。こうして、「スタンプが押された粘土の銘板」が貸し借りの記録として保管された。

さらにはこれが転じて、粘土の銘板にはスタンプを模した文字が直接記されるようになる。世界最古の文字とも言われる楔形文字の誕生である。そこに記されていたのが、神話や伝説ではなく「在庫管理」や「貸し借り」に関することだったというストーリーにロマンはないかもしれない。しかし、古代遺跡から発見されている最初期の文字記録のほとんどがそうだったのだ。さらにこのメモは、しばしば二者間のみならず第三者へも「流通」した。

現代のタブレット端末によるクレジット決済は、使用する道具が違うだけで、メソポタミアにおける「粘土の銘板（タブレット）」に記された「貸し借りの記録（クレジット）」が起源とも言えるだろう。つまり、お金とはやはり支払い義務を数値化したものだからだ。

資本主義・産業革命の土台を築いた金と銀と奴隷

ここで、もう一つのお金のストーリーを検討しなければならない。金貨や銀貨についてだ。

コロンブスが大西洋を横断してアメリカ大陸へと上陸した頃の大航海時代。スペインとポルトガルは、メキシコ、ペルー、ボリビアなどで次々と鉱山を発見し、莫大な量の金銀を採掘した。先住民のみならず、アフリカから連れてきた奴隷にも金銀採掘のための強制労働に従事させた。金銀は世界貿易を媒介する富となり、資本主義や産業革命の土台を築いた。

躍起になって採掘した（させた）金銀は、世界貿易において極めて即物的で即効性のある

「交換手段」である。それは、どこかの誰かが発行するローカルな「紙きれ」や「メモ」ではなく、端的に「宝」であり「希少品」である。日常生活では起こらなかったはずの「物々交換」を、グローバルな取引においては金銀が可能にしてしまう。金銀それ自体を「高付加価値商品であるとみなす」人が多い限り、金銀は様々なモノとすぐさま交換できる「わらしべ長者」的存在となってしまうのだ。

しばしば、政府が震災復旧事業や福祉事業などの財政支出をする際に、すぐさまインフレーション＝お金の価値が下がることを懸念する声が上がる。これは金銀財宝のようにお金を捉えてしまうがゆえに、新たに発行して供給することはすぐさま希少ではなくなり価値の低下に繋がってしまうというイメージから想起されるのだろう。本当にインフレーションが起こる時というのは、生活必需品が不足し過ぎて、残り少ない商品の価格がオークションのように上がっていく時だ。

世の中には「ある決まった分だけのお金」があって、それを社会で分け合ったり、勝ち取るために競い合ったりしているわけではない。現実社会では、政府（機関）がお金そのものを創り出している。日本政府はアメリカや中国から「円」をその都度送金してもらっているわけではない（むしろ日本は世界一の対外純資産保有国である）。政府自身がお金を創造している。財「源」というのは本来そういう意味になる。

大量の偽造硬貨や偽札が発見され、ある犯罪グループが摘発されたとする。精密に作られており、見かけ上はまったく区別がつかない。しかも、当初は１０００万円だと思われていた偽のお金のうち、１００万円分は本物の硬貨やお札であったことがわかった。偽の９００万円は回収され、世の中に出回ることはないだろう。

では、残りの１００万円、つまり「本物のお金」とは一体何を指すのか？

政府が法的に流通を認定し、支払いに使えるお金を「法定通貨」という。造幣局で作られた硬貨（１００円玉や10円玉）や国立印刷局で作られた紙幣（千円札や一万円札）は、日本銀行（中央銀行）に集められ、そこから民間銀行へと流通していき、民間銀行窓口やＡＴＭから企業・個人へとたどり着く。これが現金の流通ルートである。そして「このお金はみんなが使えますよ」というルール設定の下で、実際に「みんなが使える」ようになっている。

２０２１年は、金（ゴールド）の所有量に応じて通貨を発行していた「金本位制」から各国が正式に離脱し、現在の「管理通貨制度」に移行してからちょうど50年となる。当然の事実であるが、日本のみならず中国、アメリカ、イギリス、スイスのような国々は自前で通貨を発行している。金の保有量に応じて通貨を発行しているわけではない。もちろんユーロやドル、つまり外貨を稼いで財源にしているわけでもない（しかも、念押しになるが日本は世界一の対外純資産国である）。スイスならフランを、日本ならば円を、自ら発行しているのである。「国に財源はない、なぜなら金やドルの保有量が足りていないからだ」という主張をする人は（ほとんど）いない。

さらに言えば、古代から金貨も銀貨も、地域内使用においては市場価格ではなく政府や時の王が設定した金額で流通したのだ。それは、現在の500円玉硬貨の製造原価が1枚20円もしないことと同様である。通貨はその信用が通じる範囲に限り、金銀でも粘土の銘板でも紙でも何でも構わない。それらは、数字がモノとして「実体化」しているに過ぎないからだ。

一方、国際取引のような場面で金銀は重宝された。例えば、貿易戦争や植民地主義が旺盛になる中で、ヨーロッパの各国政府は金銀を税として徴収し、あるいは貿易商人たちから金銀を借りて戦争資金を調達したのだ。

しかし、そうしたグローバルに行き来する金銀の優位性を活用して、商人たちの主導で立ち上げた銀行こそ近代的な巨大信用制度の起源ともなったのである。

ここで再度、「支払いを約束したメモ」の話に戻ろう。

近代的銀行のスタート

かつての中世ヨーロッパでは、金銀の輸出入、金貨や銀貨の鋳造を生業としていた金細工職人らの組合（ギルド）が存在していた。商人や資産家は、金貨を預ける保管業務を金細工職人に委託するようになった。預かった金貨は巨大な金庫へと保管され、金細工職人は預け主に「預かり証」を発行した。まさに「預金」である。

金貨が金庫に積み上がっていく中で、金細工職人は思いつく。金貨を（勝手に）誰かに貸し出して、利子を取って儲けよう、と。わざわざ預けに来るのだから、大半は金庫に眠ったままだ。実際にこのアイデアは大当たりして、金細工職人は利子で儲けた。

さらに次の段階があった。発行された「預かり証」が、お金のように支払い手段として流通しているのを金細工職人は知ることとなる。「支払いを約束したメモ」が流通した原理と同じだ。金細工職人は、金貨を貸し出すことをやめてしまうのである。そう、「預かり証」だけを発行して貸し出して、利子を儲けるのだ（図1）。

そうして、保管している金貨以上に「預かり証」は発行され続けた。「預かり証」を手にした者は誰でも、金細工職人のもとで金貨との交換を保証される。さらに同業者が複数存在

図1　金細工職人の預かり証

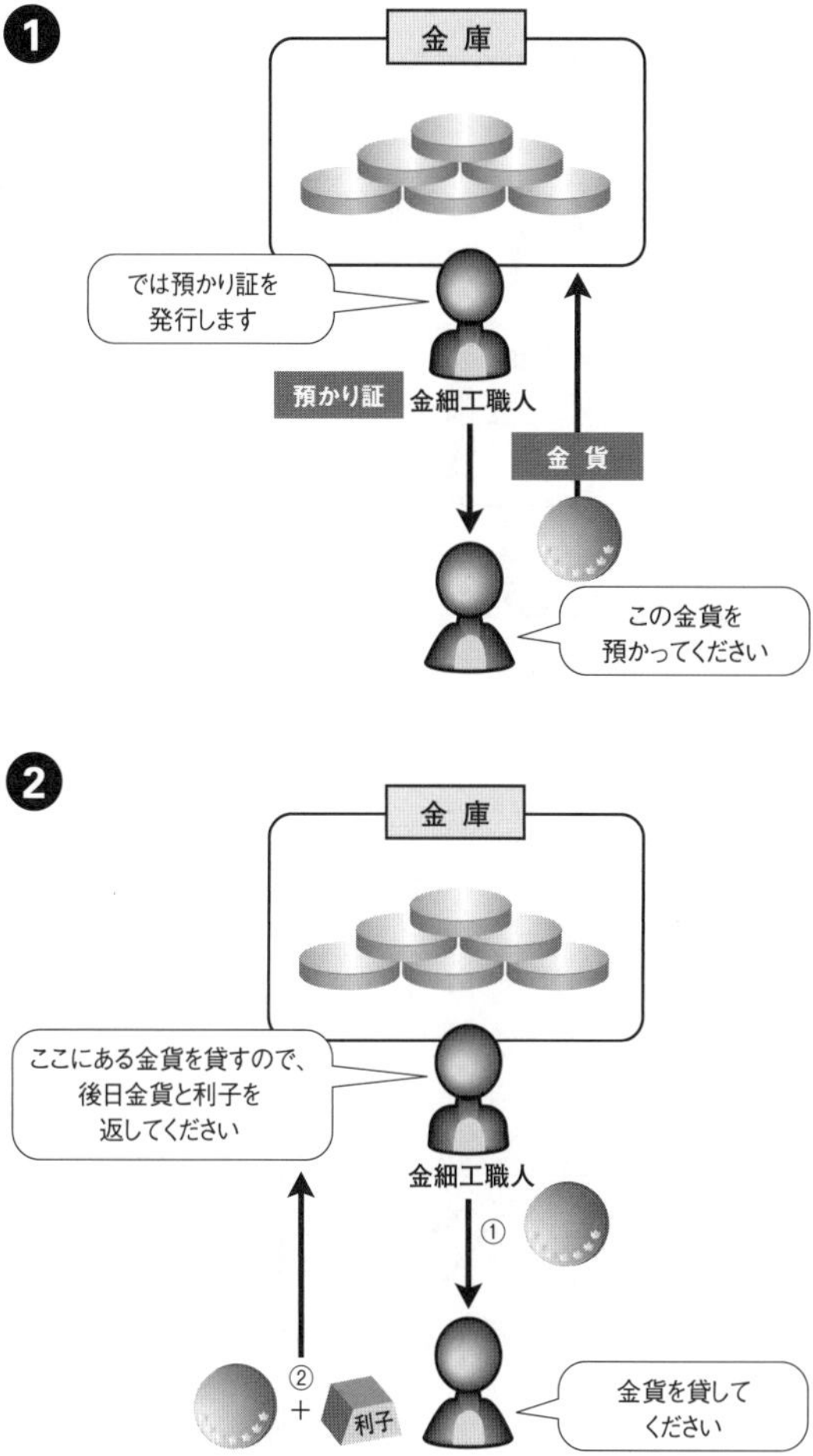

筆者作成

❸

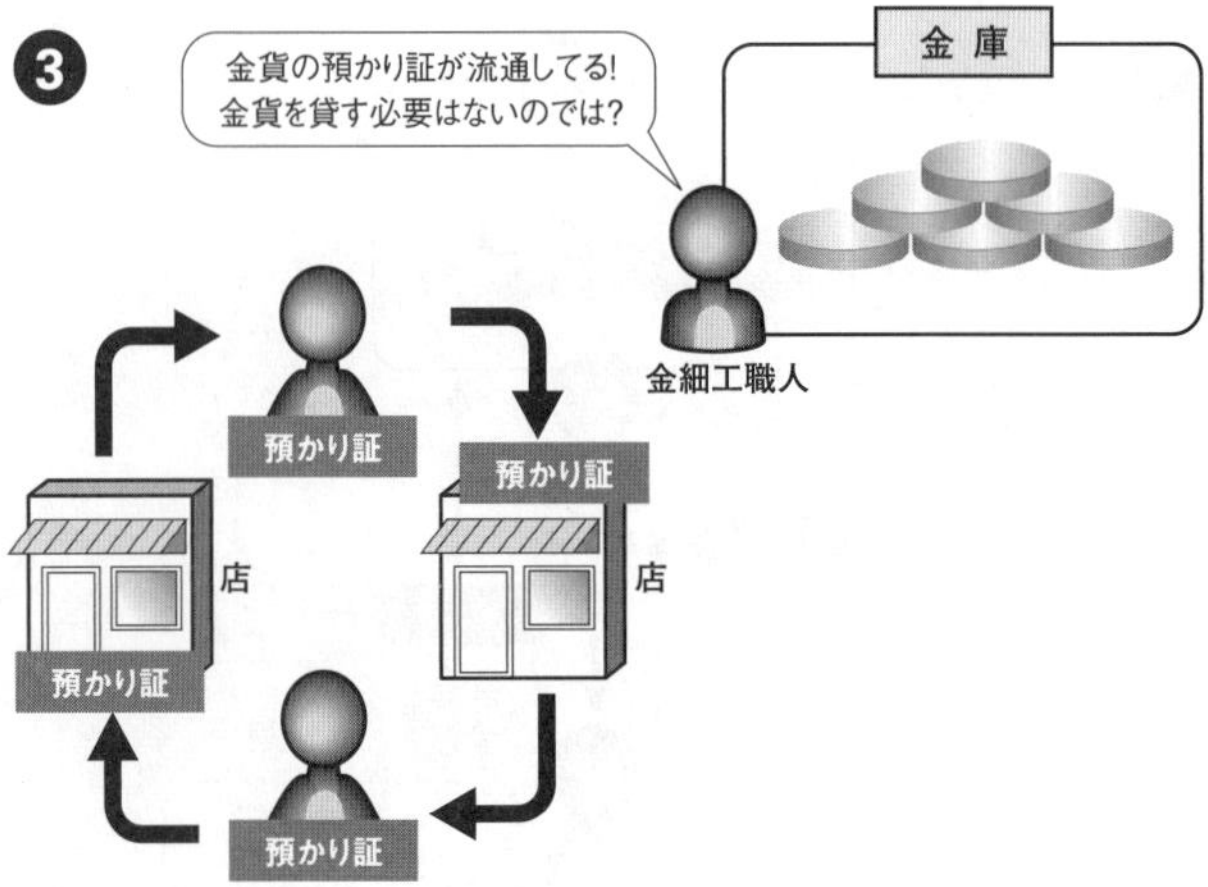
金貨の預かり証が流通してる!
金貨を貸す必要はないのでは?
金庫
金細工職人
預かり証
預かり証
店
店
預かり証
預かり証

❹

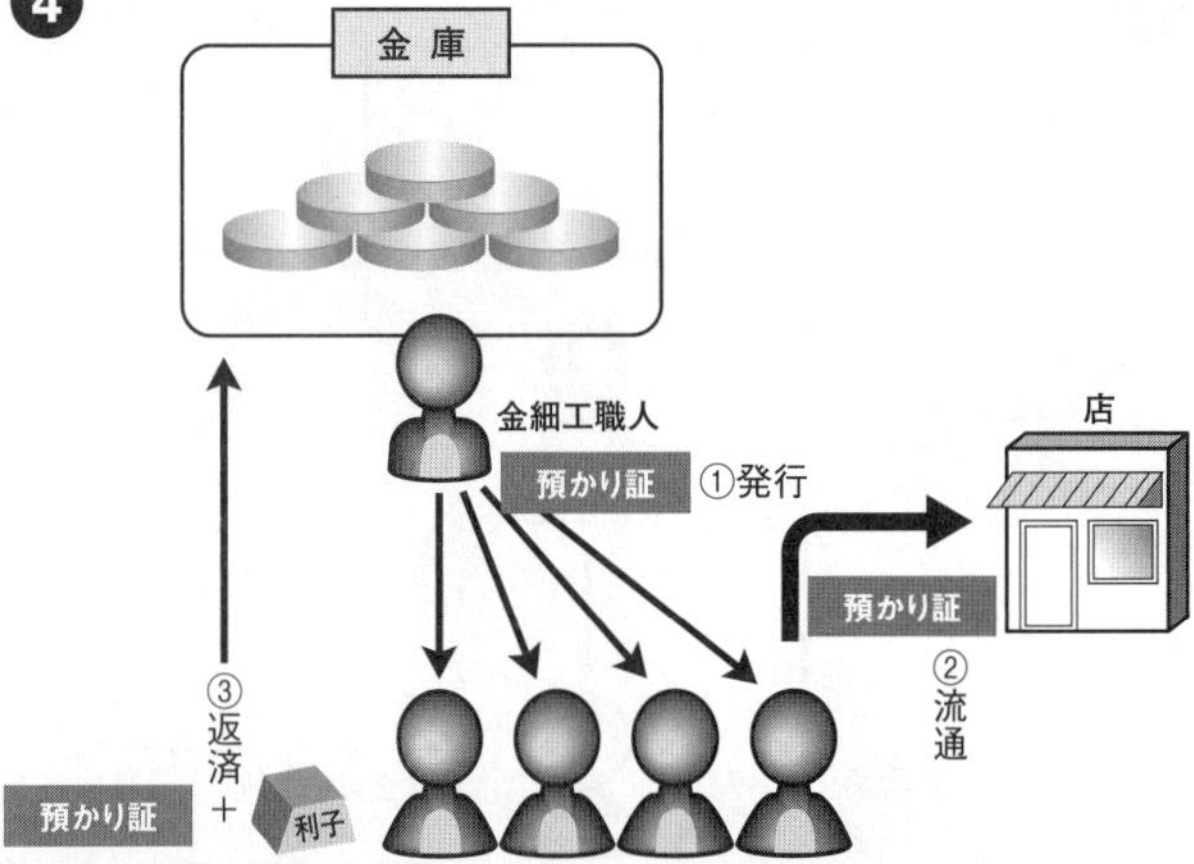
金庫
金細工職人
預かり証
①発行
店
預かり証
②流通
③返済
＋
預かり証
利子

筆者作成

したので「預かり証」の種類も様々であった。A地区の「預かり証」、B地区の「預かり証」という具合に。悪い噂が立って金貨の引き出しが一斉に起これば（取り付け騒ぎ）、その地区の金細工職人は瞬時に破産する。そうはならないように、金細工職人の組合は協力してお互いに金貨を融通し合った。

他方で、金細工職人たちの手法を応用し、スケールを拡大させた商人たちが現れた。

商人たちは元手となる出資金を集め、１２０万ポンド分の「預かり証」をイングランド王・ウィリアム3世に貸し出したのだ。そのすぐ3年後には金細工職人たちの「預かり証」も発行停止となった。そう、これがイングランド銀行とイングランド銀行〝券〟の歴史の始まりである。

今や、金貨や銀貨も、コレクターズアイテムとして重宝されている以外はお目にかかることがなくなって久しいが、当時のイギリス国民は金銀を課税対象として求められていた。イングランド王は、国民からの税金をあてにすることで借金を返す約束をしたのだ。

やがて、後にこのイングランド銀行券自体が「納税の券」としても指定されるようになったことで、「国民全員が使用する券」＝イギリスの共通通貨となったのである。

商人たちは王に貸し出すことで「預かり証」の信用規模を一気に拡大させ、さらにイギリス政府がこれを納税手段として指定したことで、イングランド銀行は永久的に中身の尽きない金庫と化した。なぜなら、納税のために国民はこの券を手に入れる必要があり、イングランド銀行はただこの券を「発行するだけ」でよいのだから。

消えていく現金

現代の世の中では、そもそも、紙幣を含めて現金を使用する機会自体が減少してきている。スマートフォンやタブレットによる電子決済が増加したのが要因であるが、実は以前からほとんど私たちは現金を使用していない。銀行預金の口座をほとんどの人が持っているからだ。実際に銀行口座を使って買い物ができるし、給料日になれば銀行口座の数字が増えるという形でお金が振り込まれる。

　現在、銀行の金庫やＡＴＭ、あるいは人びとの財布やコンビニのレジの中に実在している現金は約１００兆円である。普通預金（預金通貨）や定期預金（準通貨）などの「銀行通帳に記録されているだけの、数字としてのお金」は約８００兆円存在する。ゆうちょ銀行など、すべての金融機関の分も含めると約１３００兆円以上が「通帳に記録されているだけの、数字としてのお金」である。[*3]

なぜ、通帳の数字合計額よりも現金の合計額は少ないのか？　実は金細工職人たちがやっていたことと、そんなに変わらない。金細工職人は最終的に金貨を貸し出さずに、「預かり証」だけを発行して貸し出していた。住宅ローンでも何でもそうだが、銀行がお金を誰かに貸し出す時も、通帳に数字を印字するだけなのだ。だから世の中にある現金よりも、通帳の中の数字の合計が大きいのは当然である。

もちろん、顧客が銀行の経営に不安を感じて一斉に現金を引き出しに行くようなことがあれば、現代の銀行も破綻してしまう。元々、通帳に印字しているだけの現金を所有していないからだ。中央銀行も、民間銀行が無茶なお金の貸し方などをしないように監督をしている。

一万円札などの日本銀行券は、政府の委託を受けている日本銀行のみが独占的に発行し、民間銀行が発行することはできない。民間銀行が発行しているのは通帳の数字だけだ。金貨の「預かり証」が流通したように、民間銀行が発行した数字が独自に流通しているのである。かつての「預かり証」は「通帳に印字された数字」となったのだ。

さて、金細工職人が発行した「預かり証」であれば、実際にそれを持っていけば金貨に変えることができた。しかし、私たちが通帳の数字を現金に引き換えても、金貨に比べて実物価値の低い紙切れ（紙幣）がＡＴＭから出てくるだけだ。

ただし、その紙切れは納税証明書になっている。そして政府は、国民が納税できるように証明書＝お金を「ただ発行するだけ」でいいのだ。

政府の「お金の無駄使い」とは何か？

政府は政府自身のために存在しているのではなく、国民の生命や財産を保護するために存在している機関である。

マンションの外灯が切れていたら管理会社に連絡するが、道路に外灯や信号機がなくて事故が起こりがちであれば、それは行政の責任で増設していく必要がある。その際に、民間のクラウドファンディングでお金を集めて外灯や信号機を増やす必要はない。

政府は増税を実行して、人びとの所得や生産性を下げることができる。不足しているお金を巡って、人びととの間でお金の取り合いが起こっているならば、政府は数字を適切に増やして奪い合いを緩和させることもできる。

実際、この数字の残高によってそれぞれの人生も一変する。政府は国民のエージェント

（依頼請負人）であるから、何にお金を使うべきなのか、何に使うべきでないのか、どのくらい使うのかはもちろん国民の意思の問題である。

政府はカジノの高級リゾート施設建設にお金をつぎ込むことが可能である。政府は数字の発行者なので、一般的な「お金の無駄使い」を気にする必要はない。この数字によって「現実社会に何がもたらされるか」だけが重要だ。

災害復旧で建設や土木の業者が不足している時に、カジノの高級リゾート施設建設に政府が投資をすれば、そこには実際に現実の「人手」が必要なのであり、人手不足の災害復旧はさらにその分遅れが生じるだろう。これが国民にとって政府の「お金の無駄使い」なのである。

都市に人も仕事も集中して、その他の地域は人も仕事も減っていく状況は「土地の無駄使い」とも言える。「空き家だらけで過疎化していく」地方と「仕事はあっても家賃が高い」東京。「車がないと生活できない」地方と「異常な満員電車が走る」東京。地方で人が減っていけば、電車やバスの路線も減らさないと採算は取れない。しかし、このお金を政府が出すなら話は別だ。政府は人が減っている地域へお金を投入して、公共交通機関を充実させることができる。

低賃金や待遇の悪さで、介護や医療で働く人たちが他業種に移動している現実があるならば、政府は「無駄な節約」をしていると言える。この無駄な節約こそ「もったいない」のだ。

「多彩な能力を身につけた失業者」が発生する社会

人びとが使えるお金の減少＝人びとの購買力の低下とは、モノやサービスが売れにくい時代に入ったことを意味するのであり、「お金を稼ぐハードルが高くなった」ということでもある。

この事態は、教育や子育てにも影響を及ぼす。グローバルに活躍できる人材育成のために、英語力や高度なコミュニケーション能力を身につけさせようと国も力を入れている。英語力だけでは足りず中国語も必要だと言う人もいる。

他方でこれは、英語や中国語を使う企業や人びとに対して日本でのビジネス展開の「ハードルを下げる」ことにもなるので、巨大な人口規模に対しての競争が待ち受けている状態となる。

お金を稼ぐハードルが高ければスキルや能力の追いかけっこ状態となり、究極的には「みんなが多彩な能力を身につけた、世界で通用するスーパー・ビジネスマンになる」というのが解決策になる。

ただ、本当にみんながそうなれば、それが平均となり定義上は「スーパー・ビジネスマン」ではなくなる。「多彩な能力を身につけた失業者」が発生する社会もあり得る。次はロシア語をマスターするべきか？　いや、そうではなく、各自の能力が問われる一方で、社会全体におけるビジネスの難易度＝お金を稼ぐハードルが上昇していること自体も問われるべきではないだろうか？

このハードルが高いか低いかによって、教育も人生で使う時間の内訳も変化する。ハードルが高めに設定されていると、各自がスキルアップを図ってスペシャリストになろうとしても、みんなの平均値自体が上がるだけなので、今度はそれが「普通」となる。各自の努力で解決されないどころか、お互いの首を絞め合うことになってしまう。

この最終局面はＡＩの参戦だろう。人間が雇用を奪われてしまわないように、ＡＩにはない付加価値やクリエイティビティを身につけないと生き残れないとまで言われる。

ＡＩにしても人材教育にしても、結局すべての目標は「生産性を上げる」ことに集約される。それによって、人はビジネスで成功を収め、経済も成長していくというストーリーが信じられている。もちろん、仕事の現場で「生産性が高い」ことを目指すのは常である。しかし、「生産性が高い」とは一体何を意味するのか。ここに大きなボタンの掛け違いが潜んでいると思われる。

「生産性が高い」とは？

次のⒶⒷⒸのうち、生産性が高いパンケーキ屋さんはどれだろうか？

企業Ⓐ：１日で３００人分生産できる
企業Ⓑ：１日で６００人分生産できる
企業Ⓒ：３日で６００人分生産できる

量で考えると、１日３００人分生産できるⒶよりも、１日６００人分生産できるⒷの方が「生産性が高い」と言えるだろう。短い時間で効率的に生産できることを「生産性が高い」とされるからだ。したがって、Ⓒのように６００人分生産できるとしても、そこに費やす時間が３日だったとすれば「生産性は低い」ということになる。

しかし、１日６００人分を生産できる企業が、現実社会で「生産性が高い」と言われるかは別問題である。もちろん、それを買ってくれる人が必要だからだ。

１日３００人分生産できるⒶの売り上げがもっとも多い場合、これは「生産性が高い」ということである。Ⓑのように１日６００人分の生産能力（設備や人手）を持っていても、売り上げがもっとも少ない場合は「生産性が低い」ことになる（つまり無駄が多い）。たとえ１日３００人分の生産量のままでも、商品の質や広告宣伝の効果などで買ってくれる人が多ければ「生産性は高い」のである。

会議の時間の長さが生産性の低い要因として、しばしば指摘される。ただし、実際にその会議で生まれたアイデアで売り上げが拡大すれば「生産性は上がった」ことになるだろう。この会議時間がより短ければ、さらに生産性は高くなる。

もちろん各企業は、様々なアイデアやブランドイメージを創意工夫して生み出そうとしているわけだが、生産性を上げるには「生産コストを下げる」という方法もある。この場合、Ⓒが３日で６００人分の生産をして売り上げも一番少ないとして、しかし利益が最も高いのならばⒸこそ「生産性が高い」ということになる（生産コストや仕入れコスト、人件費などを効率的に抑えて利益率を上げることができた場合はこうなる)。

最終的に生産性が最も高いのは、多く作った企業でもなく、多く売った企業でもなく、最も利益を上げた企業である。生産量・品質・生産コストのバランスを考え、もっとも良いコストパフォーマンス＝利益の最大化を達成したことを「生産性が高い」というのであって、いくら生産しまくっても利益が低ければ「コスパが悪い」＝生産性が低いということになるだろう。

しかし、ⒶⒷⒸいずれの企業がいくら企業努力をしても生産性が低い状態があり得る。

それが不況の時だ。社会全体で買い手の購買力が下がっていれば（消費者の不在）、利益には反映されず、むしろ努力すればするほど泥沼にハマっていく。各企業はコスパを高めようとして、仕入れコストや人件費コストを下げる努力をするかもしれない。それがまた人びとの使えるお金を減らし、さらに社会全体の購買力を下げる時、不況は固定化ないし悪化していくだろう。

これがパンケーキだけの話であれば「パンケーキの人気低下」ということで済むかもしれないが、飲食業界全体の不況、さらには社会全体の不況であるならば各企業や業界内の努力では抜け出せない問題、というか各自の努力こそ不況の原動力となってしまうのである。

現代の飽食日本で食べ物の価格が高いと感じるとすれば、食べ物の価格が高いのではなく、人びとの所得が相対的に低くなったからだ。多くの人びとが食料品や家賃など最低限の生活費の支払いだけで他の出費に回せない状態になれば、社会全体のビジネスの難易度も上がる。他方で、人を雇いやすくなる側面もある。お金に困る人が増えれば、働けるだけで有難いと感じて、待遇などはあまり気にしていられない。

所得の下げ合いは消費者への打撃そのものであり、お金を使えない人が増えれば、社会全体での売り上げの減少を招くのは当然の帰結である。

仮に消費税を現状の10％からさらに上昇させて、人びとの所得を下げ続ければ、日本社会全体の生産性を劇的に下げることに成功するだろう。崖っぷちの状態で経営している企業は全滅するに違いない。

インフレへの懸念

崖っぷちの人たちが放置されながら、それでもなお政府の支出に対して不安や懸念が表明される原因は一体どこからやってくるのか。

例えば、インフレ（インフレーション）への強い懸念がそうだ。

インフレとは、物価が上がることであるが、主に二つの局面がある。

一つは、——長らく日本で経験していないことだが——人びとの所得が継続的に上がり続け、貯蓄を蓄える余裕が生まれたとしよう。それによって、今までは切り詰めて生活していた人たちが消費を増やし、あるいは多少高くても品質の良いものや環境に配慮された商品を選好するようになったとしよう。売り手側は激安商品ではなく、真っ当な利益分を上乗せして商業活動ができるようになり、この過程で物価が上がるのだ。

もう一つの局面は、供給するモノ自体が少な過ぎて、オークション的に購入価格が上昇していくケース。あるいは、エネルギー価格や原材料費の上昇により、生産の過程でコスト負担が増し、結果的に商品価格が上昇する局面を指す。確かに食料不足が深刻になれば、おにぎり一つに1万円を出さないと買えないような状況になるかもしれない。生産設備が破壊され資源が枯渇するような局面、例えば戦時下でインフレ傾向が増すのはこのためである。モノが溢れかえる大量生産・大量廃棄システムの中で、購入チケットが不足して困っている人が大量に存在する現代とは対照的だ。

結局は、食料生産や工場などの生産設備を土台とした「供給力」が重要なのであり、最低限の食料さえ行き渡らないという状態であれば、お金が無意味化して紙くず同然になっていくのは当然である（そういった緊急事態に最も頼りになるのは、もちろんお金などではなく身近な人間関係になってくるだろう）。

供給体制を万全にするための科学技術への投資。持続可能な環境を保全するための投資。現場で働く人への投資。市場を独占して価格を任意に高く設定できるプレイヤーへの規制。生活破綻を招く危険なインフレを本当に防ぎたいのであれば、これらの対策が必要不可欠である。

お金それ自体には元々価値がない。生産、分配、流通の過程において、支払い義務を数値化しているに過ぎないのである。政府の支出それ自体が、即座に物価上昇を招くわけでもない。例えばアメリカやヨーロッパのように、政府は農家へ補助金を支出することで生産コストを下げ、むしろ食料品の価格上昇を抑えることもできるのだ。

為替変動への懸念

続いて、為替変動への懸念もしばしば聞かれることだ。政府による支出は、新たな「円」の発行であり、したがって円安に繋がるのではないか。さらには、「円」という通貨そのものの信頼を貶めてしまうのではないかという「円の暴落」論である。

　最も疑問なのは、この前提がなぜか「諸外国は通貨を発行せず、しかも日本だけは過剰な通貨発行をしている」ような、あり得ない事態を想定していることだ。当然であるが、日本だけが通貨発行をしているわけでも、それが過剰なわけでもない。むしろ実態は、１９９０年代後半から現在に至るまで、日本の財政支出は世界の中で「最も低い」伸び率の記録を更新し続けてきている。[*4]

　仮に「円」の信頼を中長期的に低下させたいならば、日本の経済停滞を今のまま放置すればいいだけだ。

　政府が「円」という支払いのためのチケットの供給を抑制し、税や保険料でお金の回収を強化するのであれば、社会の中のあらゆる他のチケットは暴落していく。新幹線ではなく安い高速バスで、高速バスの中でも一番安い値段のチケットで、というふうに。こうして高速バスの運転手の賃金や待遇も下がっていき、人手不足の中の長時間労働になれば最終的に乗客の身の安全も脅かされる。

　人よりもお金の価値が高い、お金に人間が使われる、このような本末転倒な状況にこそ「歯止め」をかけないといけない。

「国の借金問題」＝「国語の問題」

そして、政府が支出をする際に語られる最大の懸念材料が「国の借金」である。借金まみれの政府がお金を出すのはあくまで一時しのぎであって、将来に増税という形でツケを回しているに過ぎないというわけだ。

確かに、政府が新たにお金を供給する際、国債という債務証書を発行する決まりがある。政府は国債を売りに出して、購入した者には期限が来たら利子を付けて返す仕組みとなっている。これにより、政府は毎回、資金調達のために国民からお金を借りて公共サービスを維持している「かのように」見えてしまう。

財務省が発表している「新規国債（建設国債＋特例国債）」の発行額はここ10年ほどで見ると40兆円前後を推移しており、この数値は大変危険な状態であるとメディアでも頻繁に報道されている。ただし40兆円という額自体は実態を反映していない。

「新規国債」発行額に加えて、１００兆円を超える借換債（返す時期が来た国債の代わりに、また新たに発行される国債）などの発行額も含めると、１５４兆８５９６億円となっている（令和元年度国債発行予定額　元年度補正額）[*5]。さらに巨額なのだ。

ただ、一つ言えることは、この数値こそが本当の国家予算であるということだ。

では改めて、毎年、40兆円ではなく１５０兆円ものお金を誰が貸しているのだろう?

一般家庭が保有する国債は全体の１％ほどである。過半数は「銀行」が所有している（約45%が日本銀行、約15%が民間銀行など預金取扱機関[*6]）。私たちのほとんどは国債を購入することで政府に対してお金を貸してはいないし、実際身に覚えがないだろう。

これが問題と「されている」のは、①私たちが預けているお金で銀行は国債を購入する②政府は国民から集めてくる税金を使ってその返済をする、という認識（誤解）があるからだ。

ここには順序の転倒がある。

米で納税していた時代から、政府が配布するチケットに置き換えて納税をするシステムへと変化を遂げたにもかかわらず、いつの間にか政府こそが私たちの手持ちのチケットに頼っているかのような話にすり替わったのだ。国民に納税してもらうことによって、政府はお金を集め、それでも足りないから国民からお金を借りるのである、というふうに。

しかし、現実のお金の流れはこうだ。

政府は、①単にお金を支出する②利子を付けて分割でお金を支出する（国債）、この二つのやり方があるというだけだ。もちろん国債も実際に紙で証書を印刷しているわけではなく、電子記録上の数字に過ぎない。

だから国債は、資金を誰かから調達するという意味での借金とは言えない。日本政府は「円」が不足して、誰かから「円」を借りる必要はない。「ドル」や「元」でお金を借りているならば借金と言い切ってもいい。「ドル」や「元」は発行できないからだ。これは数学の問題というより、国語の問題である。

「円」を自ら発行する政府は、リアルタイムで全額発行するか、分割で発行するかの二つの方法を取る。後者の場合、後から発生する分割の残額や利子の支払いはどうするか。約束の時期が来たら、やはり「円」を発行するのだ。

リアルタイムではなく、時間を空けて後から利子付きでの支払いを約束することで、お金を一定期間使わせないようにする。これが国債に期待されている機能である。

例えば私たちが普段使う銀行の定期預金サービスは、普通預金に比べて利子が高くつくようになっている。銀行からすれば、顧客が違う銀行へと離れていかないように、口座を一時凍結させるのである。

政府や中央銀行は、国債を使うことで、お金の流れの速さをコントロールしようとするのだ。これは具体的には金利が国債によって調節されることで、インフレやバブルを抑制する役割を期待されてきたのだ。[*7]この金利調節機能と、政府が国債など全く関係なくお金を発行できることとは、別の次元の話なのである。

政府はお金をどのように創り出すのか

日本の中央銀行＝日本銀行が開業したのは明治15年（1882年）のことだったが、それまで政府財政の統括管理をしていた大蔵省から徐々に事務委託を受けるようになり、明治23年（1890年）からは国庫の支出・歳入事務などを全面的に扱うようになった。

日本銀行の出資者の55％は政府であり、株主総会も出資者の議決権も存在しない。また、日本銀行の最高意思決定機関として政策委員会（総裁、副総裁、審議委員）が設置されているが、その人事は国会の承認を得て内閣が任命することとなっている。

これらは日本銀行が政府の委託を受けている機関であり、政府の一部門であることを示している。

つまり、日本銀行は政府から受動的に業務を引き受ける存在であること、したがってその背後にいる国民の審判を受けなければならない存在であることを意味している。

一方で、日本銀行は「民間銀行の銀行」という役割も同時に併せ持っている。したがって、「政府の預金口座」と「民間銀行の預金口座」の双方を取り扱っている（二つは合わせて「日本銀行当座預金」と呼ばれる）。一般の株式会社や私たちは民間銀行に口座を持っているが、その民間銀行も日本銀行に口座を持っている。そもそも、私たちは日本銀行に口座を開設することができない。「政府と民間銀行」の銀行だからである。

私たちは、銀行の通帳に記載されている額と同額の現金を引き出す権利を有している。しかし、世の中の全ての銀行通帳に記載されている額を足し合わせてみると、実際に存在する現金よりも多くなってしまう。これは、金細工職人が金庫に入っている金貨以上に預かり証を発行して貸し出したように、現代の銀行は実際の現金以上の数字を通帳に記載することでお金を貸し出しているからだ（図2〈66ページ〉、図3〈67ページ〉）。

民間銀行は日本銀行に口座を開設して通帳のようなものを持っているが、それは全てコンピューター・スクリーンの中で映し出されるのみだ。現金があってそれが数字として記録されているというよりも、むしろ数字が一部だけ現金として実体化していると言った方が近い。

政府と日本銀行が共に創り出しているお金の現時点での構成は、現金（硬貨と紙幣）が約2割、そして電子的な数字（日銀当座預金）が約8割となっている。[*8] 各民間銀行が日銀当座

図２　私たち（家計・企業）にとって本当の借金が生まれる瞬間

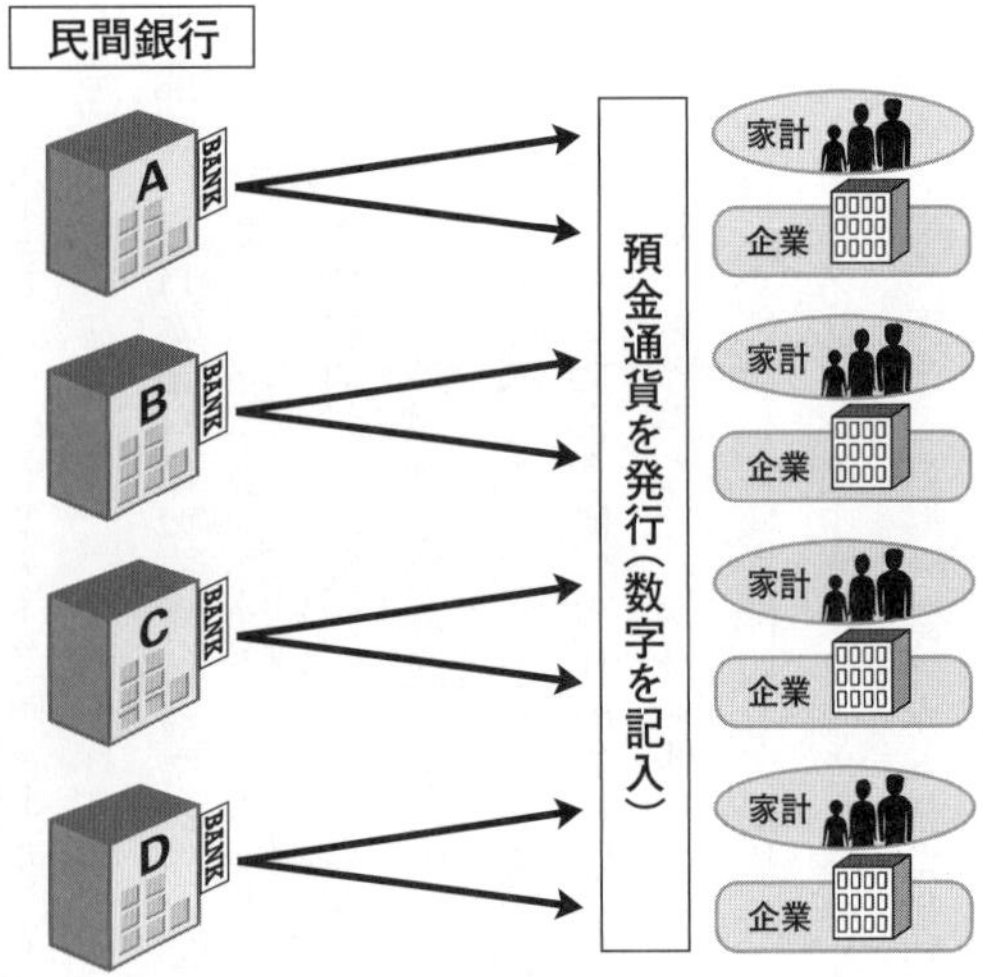

筆者作成

預金に預けているお金のことは準備預金と呼ばれ、電子的な数字としてだけ存在している。

さて、政府が年金支給や災害対策費用などお金を新たに発行する手順は、どうなっているのだろうか？

民間銀行の準備預金に新たな金額（数字）を電子的に記入して追加させるよう、政府は日本銀行へ指示をする。あとは各民間銀行が私たちや企業の銀行口座に金額（数字）を記入すれば完了だ。例えばあなたが10万円を受け取るならば、あなたが口座開設をしている銀行の準備預金と、あなたの預金通帳とに、それぞれ1

図3　実は別のお金

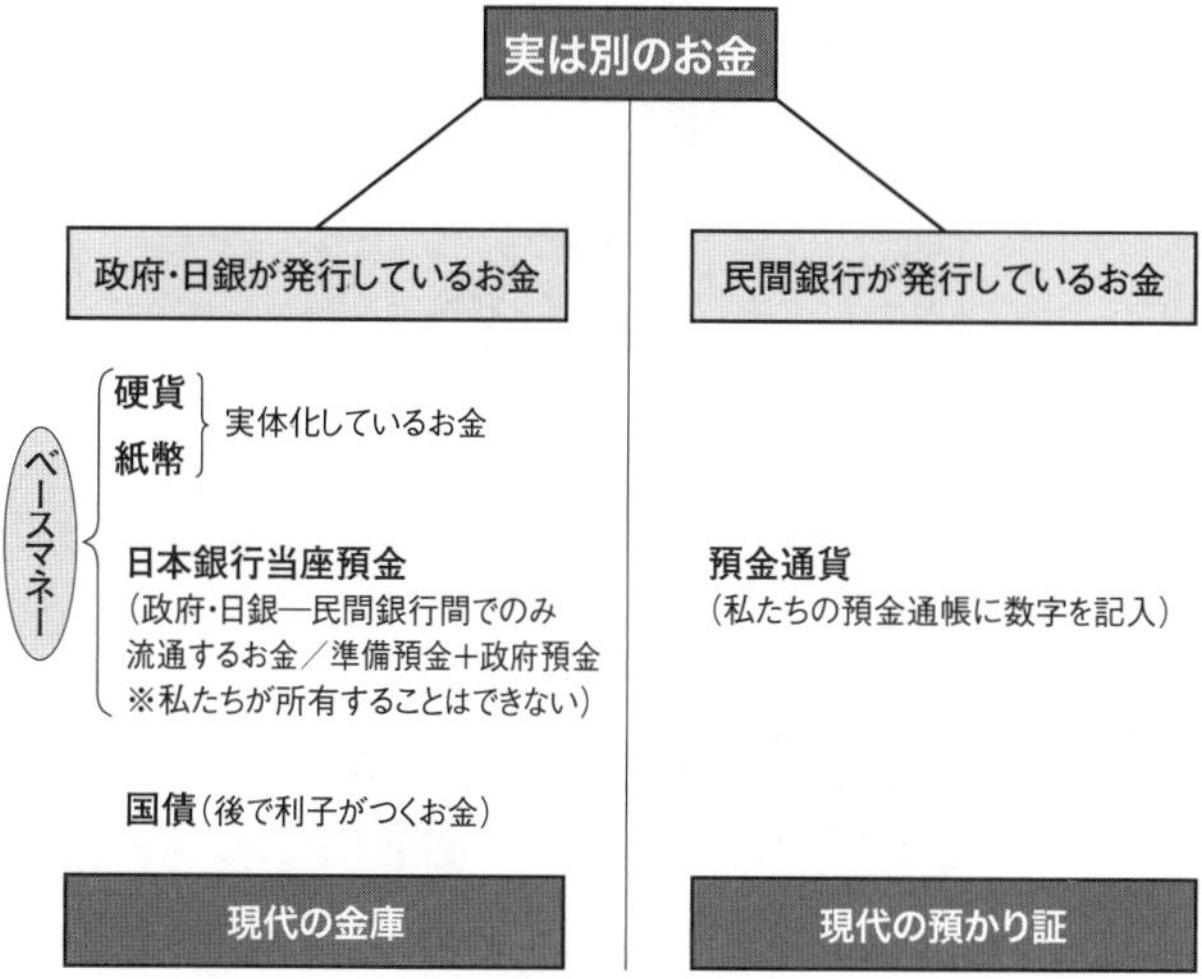

筆者作成

00、000と数字が記載される。本質的にはこれだけだ（図4〈68ページ〉）。

あなたが税金を政府に支払う場合は、あなたの預金通帳から10万円が消え、民間銀行の準備預金からは10万円が消える。もちろん数字が10万円分引き算されるということだけだ（図5〈69ページ〉）。

ここで注意すべき点は、私たちが税を納めることのできるお金とは政府（と日銀）発行の現金のみなのである。なぜなら民間銀行が創り出しているお金は、単位としては「円」で統一されているものの、あくまで

図４　政府が家計・企業にお金を供給

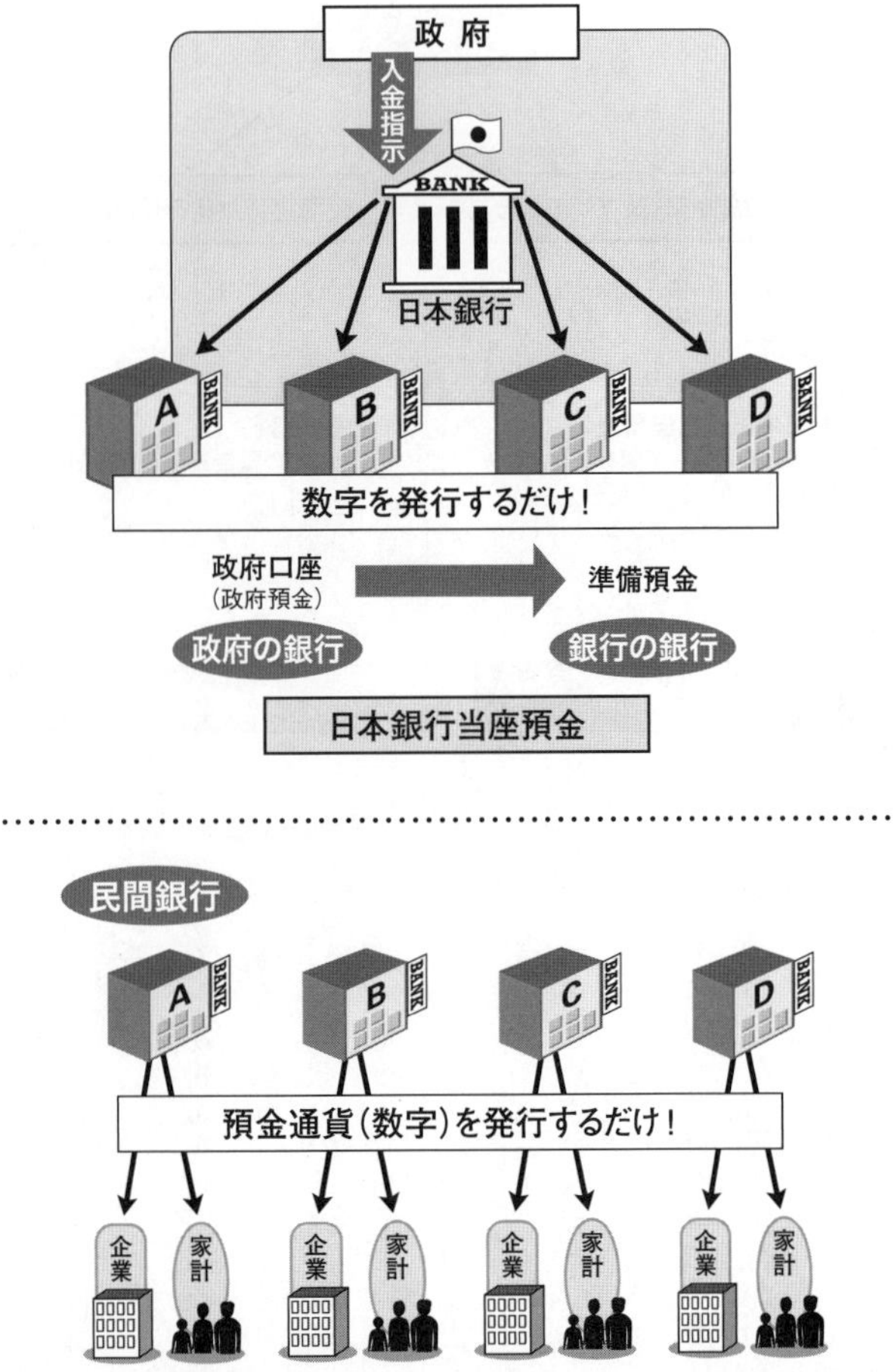

筆者作成

図５　政府が税金を徴収

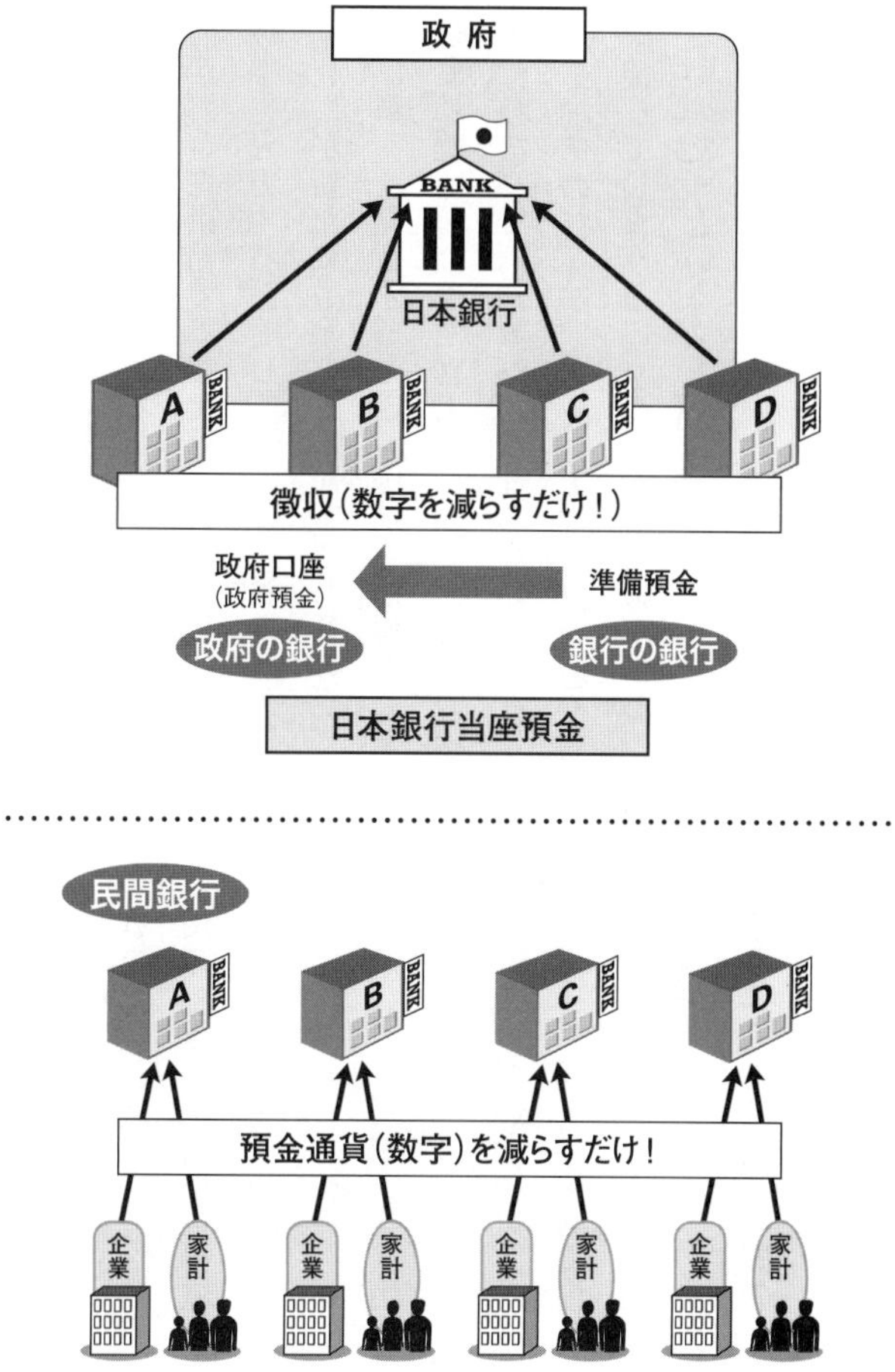

筆者作成

金細工職人が独自に発行した預かり証と同種のものだからだ。

民間銀行は、私たちの預金通帳から10万円分の数字を消去することで、私たちが「本来ならば10万円の現金を引き出すことができた権利」を消去するのだ。

政府がお金を供給する場合は、日本銀行に指示を出して民間銀行の準備預金を増やす。つまり数字を入力する。そして同時に、私たちの通帳には「10万円の現金を引き出すことができる権利」が新たに数字として記載されるのだ。

政府は数字を発行するとき、国債を財源として必要とはしない。ただ数字を入力するだけだ。つまり政府預金は便宜上のもので、金庫の中身（口座の数字）など空っぽで大丈夫だ。

将来にわたって返し続けねばならない借金など、私たちは背負っていない。

しかし国債の存在が、多くの人びとに不要な「負い目」を背負わせる。「国の借金」で日本は破綻してしまうという心配をする人がいる。政府は民間から借金をしないとお金を用意できないのだ、というストーリーが浸透してしまっている。

したがって、最終手段として国債そのものを廃止してしまうことこそが、「国の借金」問題を解決する決め手となるだろう。

＊１　「地券」を配布された地主が政府に税金を払うようになったが、税負担に耐えきれなかった自作農家は土地を売却せざるを得なかった。土地を持たない農民（小作農家）は土地を借りて地主へ農作物で物納していた（寄生地主制）。借金を抱えた農民が出現する一方で、所有地を拡大させ富を蓄積していった地主の一部は、商工業にも投資する資本家となっていった。

＊２　まさに、領主が有力商人の力を借りて発行した藩札がそうであったし、商人間の手形決済など江戸時代は現代に繋がる信用取引が高度に発達した。

＊３　日本銀行調査統計局　マネーストック速報（２０２０年11月）

＊４　名目政府支出伸び率（１９９７－２０１７年平均）朴勝俊・シェイブテイル『財政破綻論の誤り』青灯社、２０２０年（１７３ページ）

＊５　https://www.mof.go.jp/jgbs/issuance_plan/fy2019/issuanceplan191213.pdf

＊６　日本銀行「賃金循環統計」２０２０年第３四半期国債等の保有者内訳
https://www.boj.or.jp/statistics/sj/sjexp.pdf

＊７　実際にインフレ抑制的に機能するかどうかは、また別の論点である。

＊８　日本銀行調査統計局　マネタリーベース（２０２０年11月）
https://www.boj.or.jp/statistics/boj/other/mb/base2011.pdf

［参考文献］
大蔵省百年史編集室編『大蔵省百年史』、大蔵財務協会、１９６９年
山本有造『両から円へ　幕末・明治前期貨幣問題研究―』、ミネルヴァ書房、１９９４年
岡田裕之『貨幣の形成と進化　モノからシンボルへ』、法政大学出版局、１９９８年
デニス・シュマント＝ベッセラ『文字はこうして生まれた』小口好昭、中田一郎訳、岩波書店、２００８年
楊枝嗣朗『歴史の中の貨幣』、文眞堂、２０１２年

フェリックス・マーティン『21世紀の貨幣論』遠藤真美訳、東洋経済新報社、２０１４年
デヴィッド・グレーバー『負債論　貨幣と暴力の５０００年』酒井隆史監訳、高祖岩三郎、佐々木夏子訳、以文社、２０１６年
中野剛志『富国と強兵　地政経済学序説』、東洋経済新報社、２０１６年
Ｌ・ランダル・レイ『ＭＭＴ現代貨幣理論』島倉原監訳、鈴木正徳訳、東洋経済新報社、２０１９年
中野明『図解ポケット　ＭＭＴのポイントがよくわかる本』、秀和システム、２０２０年
望月慎『ＭＭＴ〔現代貨幣理論〕がよくわかる本』、秀和システム、２０２０年

コラム　国債は実際になくせるか？

政府が通貨を新たに発行する際には、新規国債の発行もセットになっている。「形式上」において、政府は民間銀行への国債売却で政府口座の預金を増やしてから支出を行う。続いて政府が支出すると、民間銀行の準備預金と国民の預金通貨が新たに増やされる。私たちの預金が銀行の準備預金へと流れていくわけではない。その逆であり、政府が新規に通貨を発行することで過剰になる準備預金を、国債と交換しているにすぎない。

政府が国民にお金を支出するとき、その決済用に民間銀行の準備預金も増やされる。この場合、インターバンク金利（銀行間の貸し借りの金利）が「下がる」。この銀行間の貸し借りの金利を「元に戻す（下げ過ぎない）」機能として、政府の国債売却（＝民間銀行の準備預金を減らす）は実質的に機能している。さらに中央銀行が民間銀行に対して国債を売り買いすることで、民間銀行の準備預金の増減を、そして政策金利を調節しているのである。

　これはしかし、国債を使わずとも政策金利を調節する方法がある。民間銀行が中央銀行に預ける準備預金に利子を付与し（準備預金に利子がつけば、民間銀行間での貸し借りはそれ以上の利子をつけないと行われない）、中央銀行が民間銀行に貸し出す準備預金の利子を固定化しておけば（中央銀行から低利で借りられるのならば、民間銀行間の貸し借りはそれ以下の利子でないと行われない）、これらがインターバンク金利の下限／上限になる。そもそも、日本銀行は準備預金に対する利子の付与を既に実行しているのであり、残る手順は新規に国債を発行〝しない〟ことだけである。

第二章

債務棒引き制度はなぜ、どの程度必要か――松尾匡

一方が提示する条件をそのまま受け入れるしかない契約を「付合契約」という。条件に異議がなければよいが、フランチャイズ契約にしろ労働契約にしろ、実質的に契約＝命令となってしまっているケースが現実には存在する。交渉の余地がなく、「嫌なら辞めろ」と言われるだけの場合がそうである。さらに本人が頭では納得していても、心身の奥底では悲鳴をあげている場合もあるだろう。これを松尾さんは「考える私／感じる私」という二分法で表現している。

債権債務関係は通常、お互いの自由意志に基づく正当な契約であると見なされる。したがって、「借りた金は返さなければならない」という倫理は誰もが疑わない正義となっている。しかし、「借りるしかない」という状況に追い込まれた者が債務（借金）を作る場合はどうだろうか。先進国（ＩＭＦ）が途上国へ、ドイツ（銀行）がギリシャへ、経済力の格差を利用して債権債務関係を作りあげたように……。

この章では、松尾さんによる〝借金〟についての多層的な考察が展開されている。

（高橋）

「感じる私」と「考える私」

歴史的に存在してきた奴隷の多くは、元来債務奴隷である。もしお金の貸し借りの契約が当事者の自由にまったく任せられるならば、自分の身を抵当として、事実上の奴隷状態になってでも返済するという契約はいくらでも生まれるだろう。

いったん巨額の負債を抱えると、その契約前の状態に戻って選択を吟味しなおすことが半永久的にできなくなるならば、それはやはり「試行錯誤」という、自己決定の尊重が成り立つ基盤がなくなってしまうということである。意思決定を振り出しにもどすことが保証されるためにも、破産制度のような、債務棒引きの制度は必要である。

もちろん、今の話は「感じる私」にとっての自由のことである。「考える私」にとっては、借金をするという意思決定をしたならば、その他人に与える影響について自分で責任を引き受ける義務がある。

ジャイアンが友達から漫画本を借りたまま返さないというのでは、返してもらえない友達に与える悪影響が放置されてしまう。誰かが借金を踏み倒したせいで人生が暗転した人は過去何人もいただろう。

その意味では、契約どおりに守らせるというのも必要なこと、ということになる。グレーバーの『負債論』[*1]では、「借りた金は返さなければならない」という倫理と、「金貸しは悪である」という倫理の、矛盾する二重倫理が、古今東西並立してきたことが指摘されているが、個人の自由な選択を尊重する社会においても、この互いに矛盾する二重倫理が続くのは合理的だということになる。

では実際に、個々のケースにおいて、借金を払わせるのか帳消しにするのかは、どう判断するべきなのだろうか？

現実の運用基準に落とし込むにはいろいろ難しいこともあるだろうが、考え方としては私見は明瞭である。意思決定にともなう責任は、意思決定の影響力に比例する。これは個々の契約の、確定できる直接の結果にとどまるものではない。間接的な影響も含むし、契約を結ぶか結ばないかということ自体に影響を及ぼすメタな意思決定の影響力も含めて評価しなければならない。

この影響力が強いほど、自分の意思決定が契約相手や、第三者に与える影響について責任を負うべきだということになる。そうでない者であるほど、「試行錯誤」の機会が保証されるべきだということになる。

しかし現実の社会は、「考える私」が「感じる私」から乖離して、その内実が「私」ではないものの「考え方」（制度・命令・しきたり・学説・思想信条・通帳のなかの数字等々）に乗っ取られて「感じる私」を支配抑圧し、しかも、そのことが高尚でいいことのようにみなす苦しい社会である。だから、ただでさえ「借りた金は返さなければならない」の倫理の方にバランスが傾きがちである。

その上実態は、「考える私」の内実を乗っ取っているのは、だいたいのところ、決定に影響力のある一部の者が考えたことである。この資本主義経済のシステムは、生産に関する決定を、影響力のある一部の人、ブルジョワジーが握る階級社会なのである。だから、件のバランスは、一部の影響力の強い人たちに都合よく決められるのが現実である。庶民が借りた金は、学生支援機構のような公的機関が率先して容赦なく取り立てる一方で、強大な影響力のある金融機関が巨額の借金を抱えても公金を投じて救済されるのはそのためである。

バンク（銀行）が自由を圧殺する

さて、個人が自由意志で契約した貸借契約ですら、真に個人の自由を守るためには借金棒引きの制度が必要なのだから、ましてや個々人があずかり知らぬところで勝手に決められた貸借契約の結果の債務に、個々人が運命的に縛られ続けるなどということがあっていいわけはない。

ところが、そんなことを大々的にしてきたのが、世界の自由体制の守護者たちだった。『負債論』は、１９７０年代のオイルショック後に産油国から集めた膨大な資金を、先進国が発展途上国に無理やり貸し付けた話から始まる。１９８０年代にアメリカの金融引き締めで発展途上国は債務危機に陥り、ＩＭＦ（国際通貨基金）が乗り出して緊縮財政を強要し、貧困や社会の崩壊が蔓延し、先進国の大資本が公共資源を略奪していった。

同じような話は何度も繰り返されたが、近年のとりわけ騒がれた例がギリシャをはじめとする南欧の債務危機である。ドイツが雇用の流動化を進めて相対的な低賃金を実現し、統一市場になった南欧に抜群の国際競争力で売り込んでくる。

普通ならこれらの国の通貨が安くなって守られるのだが、ユーロに入ってしまったものだから太刀打ちできず産業が壊滅する。売り物がないのにドイツ製品を売らなければならないから、ドイツなどの銀行が金を貸してドイツ製品が売れるようにする。そうして借金を膨らませた結果が南欧債務危機なのである。

ギリシャ急進左翼党政権が債権団に屈服する前、財務大臣として債権団に立ち向かったバルファキスの言葉によれば、半世紀前のギリシャ軍事クーデターではタンク（戦車）が自由を圧殺し、現代ではバンク（銀行）が自由を圧殺したのである。緊縮政策の押し付けで、年金も医療費も公務員も大幅カットが続き、空港も港湾も国有資産は次々と外資に売り払われ、水道や遺跡の民営化も押し付けられ、大衆増税が行われ、ＧＤＰは最大約３割減、給料は払われず、失業者はあふれ、職が見つからない多くの若者が国を去っていった。自殺者も激増した。

国の借金は棒引きすべきだ

ギリシャはもっとも典型的なひどいケースだが、実は先進国どこでも同じような状態にある。

日本など、国の借金の債権者は日本の公衆である。国債を担保に作られている預金通貨を持っている我々なのである。それなのになぜか債権者の我々が金を返せと言われて、自分のあずかり知らぬところで決まった借金を返すために、社会保障の抑制や教育・科学・医療等々の予算削減や消費税増税の犠牲を被り、それらの政策のもたらす経済停滞で失業や倒産や賃金抑制にあえがなければならないのである。

別章で説明するとおり、現代経済では、貨幣は借金によって作られる。企業が設備投資のために銀行から借金をすると、その借金の額が預金口座に書き込まれ、それが設備投資の支払先の預金口座に振り込まれて、世の中に決済手段として流通していくのである。

逆に言えば、企業がこの借金を銀行に返すと、預金がその分消えて、世の中から貨幣が減ってしまう。しかし実際には、機械や工場が存在し、利子が払われるかぎり、普通は借金は返されることはなく借り換えられるので問題はない。

経済が成長し続け、機械や工場を拡張するための、あるいは新企業が生まれるための、新たな設備投資が起こるかぎり、その分は新たな借金が増えるので、世の中から貨幣が減ることはない。

しかし、経済が成熟した先進国では、設備投資から得られる利益はますます少なくなっている。また、労働力人口が成長しないので、完全雇用で天井が押さえられた長期的なタームでは経済全体で機械や工場を拡張できなくなる。だから設備投資のために借金する動きは停滞してしまう。そうなると、長期的に見て世の中に貨幣が出なくなるということになる。

それでは困るので、世の中に貨幣を出回らせるためには、政府が借金するか消費者が借金するかしかない。ところが消費者が企業と違うのは、利益を生み続ける実物資産があるわけではないので、永久に借り換え続けることはできないということである。必ず返さなければならない。それゆえ消費者に貸して貨幣を増やす方法は、どこかで行き詰まって貨幣が縮小しだすことになる。そうしたら恐慌である。そうなったら今度は国が借金することで貨幣を作るほかない。

このように、現代資本主義経済の都合上いやおうなく、消費者の借金を膨らませ、それが潰れて国の借金を膨らませたわけなのに、その結果は、個々人を鎖に縛って債務奴隷化して借金を返済させた一方、グローバル大資本が資産を奪ってまる儲けすることになるわけだ。世の中から貨幣を減らす行為であるにもかかわらず。理不尽きわまりないことではないか。

そう、だからグレーバーの『負債論』は、国の債務も消費者の債務も帳消しにせよというアジテーションで終わるのだ。そしてそれがゆえに、この本は、債務のくびきからの解放を願う人々や、いずれそうなるかもしれない予感のもとにそれと連帯する人々から、反緊縮闘争のバイブル扱いされたのである。

かくして欧米の反緊縮闘争は、国の借金は返すべきものであるという財政規律論との闘いを、そのベースとするものになる。それを支える経済理論にはどんなものがあるのか。その中からは、借金によって貨幣が生まれる現代の貨幣制度のあり方に対する、ラジカルな批判にまで至る流れが生じないわけにはいかない。それは章を改めて詳しく検討することにしよう。

＊1　デヴィッド・グレーバー『負債論　貨幣と暴力の5000年』酒井隆史・高祖岩三郎・佐々木夏子訳、以文社、2016年

第三章

現代資本主義の問題点——井上智洋

〈資本主義の終わりより、世界の終わりを想像する方がたやすい〉

アメリカの思想家フレドリック・ジェイムソンによるこの言葉は、スロベニアの哲学者スラヴォイ・ジジェクやイギリスの批評家マーク・フィッシャーを筆頭に世界中で引用されてきた。自己破壊的な資本主義システムは終わりを迎えるまで世界を喰いつくすのであり、かといって資本主義に取って代わるオルタナティブはないのだ、という諦念がそこにはある。

こうした「出口なしの資本主義」に対して、脱出を試み、敗北を喫してきた論者はかねてから数多く存在するだろう。井上さんによれば、かつての脱出論者には問題設定の時点で根本的な誤りがあったのであり、見過ごされてきた欠陥が資本主義には存在するのだという。

「資本主義からの脱出」を図るには「銀行中心の貨幣制度からの脱却」こそが必要である、というのが井上さんの主張の核心である。（高橋）

出口なしの資本主義　「資本主義リアリズム」とは？

世の中に貧富の差があるのは、なんらかの不正や不公正があるからではないかと考える人が今ではすっかり少なくなったが、かつてはたくさんいた。

資本家が労働者を使役して利益を得ることが「搾取」と呼ばれ、不当な営みであるかのように見なされていた時代があったのである。ところが、１９９０年前後にソ連・東欧の社会主義国が軒並み崩壊して30年近くが経ち、「搾取」は博物館の収蔵物のようなかび臭い言葉になってしまった。

労働者に十分な賃金を与えずに酷使するような企業は「ブラック企業」などと糾弾されるが、経営者や株主であること自体を責められることは今やほとんどない。

ソ連型社会主義の失敗によって、資本主義がまったくの出口なしであることが明らかになり、左派・左翼にはさしたる展望も理念もなくなった。資本主義では、資本を投下し生産設備を増やすことで生産量を増大させて、それによってさらに資本を増大させる「資本の増殖運動」が展開される。ソ連型社会主義では、この資本の増殖運動を民間企業の代わりに国家が担っている。つまり、ソ連型社会主義は資本主義のオルタナティブではなく、「国家資本主義」の一種でしかない。

　ソ連と東欧諸国のかつての体制は、そもそもが地球上を覆う「近代世界システム」（＝近代資本主義）の一部でしかなかったのだが、あたかもオルタナティブであるかのように見なされていた。そういう幻想すらも雲散霧消した後に立ち現れた、出口なしのように見える資本主義を「資本主義リアリズム」という。イギリスの批評家マーク・フィッシャーによれば、それは「資本主義が唯一の存続可能な政治・経済的制度であるのみならず、今やそれに対する論理一貫した代替物を想像することすら不可能だ、という意識が蔓延した状態」[*1]である。

　資本主義リアリズムのただ中にあって、資本家による搾取一般をいかに糾弾したところで、「それではどんな体制が望ましいのか？」という問いに答えられないのであれば、無力であるばかりか無責任でもある。

　そもそも経営者が労働者を使役して利益を得たところで、不正とは言えないのではないかという話にもなってくる。労働者を大切にする経営者ならＯＫということであれば、マルクスも革命も必要ない。

資本主義からの脱却「加速主義」とは？

フィッシャーは、「加速主義」を支持し「アシッド・コミュニズム」に救いを見出しつつ2017年に亡くなってしまう。

加速主義というのは、資本主義のダイナミズムを加速させることでその極限において資本主義からの脱出を図ろうという思想である。これは、資本主義リアリズムと裏表の関係にあって、オルタナティブが存在しない以上、資本主義をとことん追求することでしかその乗り越えはありえないことを意味している。

加速主義は一般には、1990年代にイギリスの哲学者ニック・ランドが主導した「サイバネティック文化研究ユニット」(Cybernetic Culture Research Unit, CCRU) の活動の中から生まれた思想として知られている。ただし、似たような思想はそれ以前にもあって、マルクスは資本主義の極限における革命を志向したということで、加速主義者の起源として位置づけられることがある。

アシッドというのはLSDのことで、LSDを思わせるような幻想的な音楽としてアシッド・ハウスがある。エクスタシーのようなドラッグを摂取して、アシッド・ハウスやテクノを流しながら一晩中踊り続けるような「レイブカルチャー」にフィッシャーは資本主義からの脱出の糸口をつかもうとしていたのである。

しかしながら、これは１９６０年代のヒッピー文化の90年代版のようなもので、ドラッグをキメていくら踊り狂ったところで資本主義がどうにかなるものでもない。60年代のロックがハウスやテクノに置き換わり、大麻がエクスタシーに置き換わっただけのことである。それゆえ、アシッド・コミュニズムはあまりにも無力だが、加速主義については私は留保付きではあるが支持している。

私は、ＡＩなどの自動化技術が進歩し普及した挙句に、直接的な生産活動を機械だけが行う「純粋機械化経済」が到来し、人々が生活のために賃金労働をしなくても良いような「脱労働社会」が到来することを予測しているとともに待望している。２０１９年に出版した『純粋機械化経済』[*2]は、今から思えば私なりの「加速主義宣言」だ。

この本の結びに私はこう書いた。

> 68年革命は「なんのリハーサルだったのか」という問いに対して、私はさしあたりハッカー達が引き起こす情報革命のリハーサルだと答えた。さしあたりではなく最終的には

どうなのかというと、それは脱労働社会を到来させるＡＩとＢＩによる革命のリハーサルだ。

ヒッピームーブメントと学生運動は「68年革命」といわれる世界的な文化革命を巻き起こした。１９７０年代にそれが退潮したもののヒッピー文化を受け継いだスティーブ・ジョブズのようなハッカーたちがもたらしたのが情報革命だ。さらにはＡＩとＢＩ（ベーシックインカム）の普及によっていずれは脱労働社会が訪れ、ヒッピーたちが希求したようなより自由で平等な社会となるだろうという意味のことを述べている。したがって、ＡＩの導入を加速せよと基本的には主張したいのであるが、同時にＡＩが雇用を破壊するというマイナス面についても論じている。

私の言うことは矛盾に引き裂かれているが、むしろ引き裂かれるべきだと思っている。矛盾が現に存在するのにないかのように言い立てることは欺瞞だからである。先ほど留保付きの加速主義と述べたのは、そういう理由によるものだ。

なぜ貨幣制度の変革が必要なのか？

遊んで暮らすことのできる脱労働社会がユートピアであるかどうかという点については、大いに議論の余地があるだろう。ただ、多くの調査結果が賃金労働をしている人よりも、していない人の方が生活満足度が高いということを示している。

加えて、年輩者が労働に価値を置く傾向があるのに対し、若い人はそこまで価値を置いていない。「レイバリズム」（労働主義）は徐々に力を失っており、今後のＡＩの普及に伴ってこの価値転換は加速する可能性もある。

したがって、すべての人々にとってというわけではないが、多くの人々にとって脱労働社会はユートピアになるかもしれない。そうだとして、私たちはその到来をただ待ち焦がれていれば良いのだろうか？

今の資本主義には正さなければならない根本的な不正も不公正もないのか？

金持ちには才能と克己心があり、貧しい人にはそれらが欠けているから、ただ施しとしてＢＩのような再分配政策がなされるべきなのか？

私はいずれの質問に対してもノーと答えたい。資本主義はまったくの出口なしでそのダイナミズムを加速させることでしか乗り越え不可能なものであるが、それとともに今の資本主義には明らかな不公正がある。もし政府が特定の企業や人々に不必要な特権を与えて優遇し、そのせいでそれ以外の人々が割を食っているとしたら、そんな不公正は正されなければならないと考えられるだろう。

　資本主義のもっとも基礎的な定義は、前述したような資本の増殖運動が行われているような経済というものだ。ただし、それ以前の経済と比べ際立って異なる点がさらに二つある。

　一つは市場経済の全面化であり、もう一つは市場で交換の媒介の役割を果たしている貨幣に関する制度が「銀行中心の貨幣制度」になっているということである。

　ハンガリーの経済学者カール・ポランニーが論じたように、市場経済は近代において異常なほど肥大し全面化した。その市場経済を計画経済に置き換えようとしたのが、ソ連型社会主義である。ところが、市場経済はフランスの歴史学者フェルナン・ブローデルが「人類が初めて手にしたコンピュータ」[*3]と呼んだように、あらゆる財の適正価格を導出し得るよくできた計算システムなのである。

　そのような自然発生的なコンピュータを、中央当局のスタッフが適正価格を計算して割り出すような計画経済に置き換えても、それはうまく機能せずにソ連型社会主義は失敗に終わった。

　社会主義者たちは廃棄すべきものを取り違えていたのである。私たちが廃棄すべきだったのは、市場経済ではなく銀行中心の貨幣制度の方だった。国民の多くは、お金がどのように創られているのかを知らない。主にお金を創っているのが、日銀のような中央銀行ではなく、みずほ銀行やりそな銀行といった民間銀行であることを知らないのである。


　銀行こそが「お金を創る」という特権を政府から与えられている。そして、その分私たちは得られるべきはずのお金が得られず、家を建てるにもローンを組んで銀行からお金を借りて利息を払わなければならない。

　このような不公正を正すこと、つまり「銀行中心の貨幣制度」を廃止して「国民中心の貨幣制度」を打ち立てること。それが、ただ指をくわえて脱労働社会を待ち続ける以外に、私たちが資本主義に対してなすべきことなのである。

＊1　マーク・フィッシャー『資本主義リアリズム』セバスチャン ブロイ・河南瑠莉訳、堀之内出版、2018年
＊2　井上智洋『純粋機械化経済　頭脳資本主義と日本の没落』日本経済新聞出版、2019年
＊3　フェルナン・ブローデル『歴史入門』金塚貞文訳、中央公論新社、2009年

第四章

私たちは何を取り戻すべきなのか──高橋真矢

改めて確認しておくが、現金としてのお金は全体の一部であり、流通しているほとんどは民間銀行が独自に発行している「預金通貨」である。私たちの預金通帳に印字されている数字がそれにあたる。つまり、企業や個人の口座に記入されている数字が増えたり減ったりすることが「お金が流通している」ということだ。

民間銀行が私たちや企業にお金を貸し出すとき、通帳に数字を書き込んで新たにお金を生み出している。これは日本語で「信用創造」、英語では「マネー・クリエイション」と表現される。金細工職人の「預かり証」が、通帳に記入された数字へと媒体を変えたのである。

もちろん、銀行にとってこの数字はあくまでマイナスの発行であり、顧客から利子と共に返済されて初めてプラスとなる。利益とリスクが表裏一体となっているのであり、返済されなければ、つまり貸し倒れが発生すれば、(担保を別にして) そのまま銀行の損失として計上される。

民間の借金は景気がよいときほど増える

政府のお金の心配をしても無意味である。本来、私たちが心配すべきなのは、個人や企業が借金をするリスクの方である。

銀行が新たなお金を創り出し、それが消えていくまでの流れを確認してみよう。

Ｍ銀行が企業Ⓐに１０００万円を貸す（Ⓐ口座に数字を記入。もちろんＭ銀行が日本銀行に預けている口座の数字は減らない）。

↓世の中に新たなお金（預金通貨）が発生（貸した銀行にとってはあくまでマイナスの発行）

↓Ⓐが新たな設備の導入やスタッフへの給料などでお金を使う

↓Ⓐのお金が減り、設備を提供した企業Ⓑや給料支払いでお金が移動（このお金は企業Ⓑやスタッフが使うことで、また次なる受け取り手に渡って行く）

↓Ⓐは新商品の製作に着手し、それが販売される

↓商品が買われ、Ⓐに再びお金が移動してくる

↓Ⓐはやがて利益を得て、銀行に利子付きでお金を返す

↓Ｍ銀行が新たに発行した元の１０００万円のデータはここで消失する

企業が銀行からお金を借りれば、世の中に新しいお金（預金通貨）が発生し、そのお金によって商品が作られたり雇用が生まれたりする。お金は社会の中を移動していき、また誰かの手に渡っていく。それがまた商品を購入するためのお金にもなる。銀行から誰かが借りることで発生したお金が巡り巡って私たちの生活費にもなっているのである。

①民間銀行が創造した数字は、借りた人が返済しない限り、世の中に残り続ける
②政府が発行した数字も、税金や社会保険料として全て回収しない限りは残り続ける

この①と②によって「私たちが使えるお金」は成り立っている。

企業が銀行にお金を借りに来るのは、その借りたお金でさらにお金を稼ぐことができるからだ。お金を稼ぐことができるのは、世の中に商品やサービスを購入する消費者、つまり使えるお金を持っている人びとがいるからである。

商品やサービスを購入できるだけのお金を持っている人びとがいる → 企業は利益を見込んで銀行にお金を借りに行く → 銀行がお金を貸す＝新たにお金が創られる、という因果関係になっている。

したがって、不況で人びとの使えるお金が減ると、同時に銀行から生み出されるお金も必然的に減ってしまう。人びとがお金に困っているときほどお金は創られない。

実際に景気がいいと言われるとき、民間では借金が増えている。貧乏で今後の生活費が足りないから借金するのではない。未来の収入が見込めるから借金するのである。企業だけではなく、家庭や個人も同様である。住宅ローンは安定した収入が今後も続く人でないと融資を受けられない。「ローンなんて組めない」と多くの人が考えているときには、もちろん貸し出しも増えないし、銀行もお金を貸すリスクを取ろうとは考えない。

バブルと不況は紙一重

逆に、銀行が一気にお金を貸し過ぎてしまい、大量のお金が戻って来なくなる現象がある。

通常、人びとが使えるお金の範囲には限度がある。いくら人気商品でも、価格を高く設定し過ぎると商品やサービスは売れなくなり利益も出なくなる。したがって、ある程度を境にして価格上昇はストップする。

しかし、ときに際限なく価格が上がっていくかのように見える売り物もある。バブル経済が発生しているときの土地や株の資産価格である。

お金を余らせている企業などの一部は土地や株の資産購入に向かい、転売することでさらに儲けが発生する。これらが強力な担保となって、さらに大きな金額のお金を銀行から借りることができるようにもなる。「お金がお金（借金）を生み出す」状態である。

ただ、天文学的数字になるまで際限なく価格上昇することはあり得ない。上昇気流が「折り返し地点」に差しかかり、やがて「下降」の時間がやって来たとき、今度は儲かるからではなく損を防ぐために土地や株を手放そうと売りに転じるだろう。

「財テク倒産」と言われるが、料亭や製菓業、衣料関連会社などが本業の売り上げ不振ではなく、株への投資で失敗し多額の負債を抱えバブル崩壊と共に倒産していった。あるいは、高級絵画への投資で失敗し倒産する企業もあった。

しかし、ここで問題にしたいのは、お金を余らせていた企業が投資に失敗した、という話ではない。バブル経済全盛期（１９８０年代後半）、大企業には株価上昇によって資金が集まってきたので、銀行にお金を借りる必要はすでになくなっていた。むしろこの時期、大企業に関しては銀行への借金完済が進んだ。

大企業がこうした「銀行離れ」をしていく中、銀行はお金を貸し出す相手を中小企業へとシフトさせていったのだ。あるいは個人に向けて住宅ローンの貸し出しも増加させた。

買い物はタイミングによって後悔することがある。買ったときよりも価格が後で大幅に下がった場合だ。バブル崩壊は、その後悔と共に、前のめりで借り過ぎてしまった膨大な銀行からの「借金」も残していった。

こうなると、お金を借りるよりも返す方向にシフトチェンジが起こり、世の中のお金は回収されていく。銀行もモードが変わり、一転してお金を貸してくれなくなる。むしろ返済期限がまだ来ていないにもかかわらず、返済するよう圧力をかけるまでになった。銀行も必死になる。

さらには、銀行にお金を借りていなくても、その影響は及ぶ。「銀行から誰かが借りることで発生したお金が巡り巡って私たちの生活費にもなっている」のだから、お金の貸し出しが抑制され、回収されていけば、すべての生活圏にも連鎖的に負の影響を及ぼすのは当然である。

バブル経済は実際に、働く人の給料や日用品などの物価ではなく、不動産や株などの資産価格がスパイラル的に上昇して起こり、その資産価格が「暴落」していく過程で実体経済にも波及した。

土地や株などの資産価格は乱高下したが、一般の人々の給与や物価が急上昇したわけではない。２００８年、アメリカで住宅バブル（リーマン・ショック）が発生したときの物価はむしろ低めに推移していた。実は不況もバブルも紙一重である。

宮崎義一『複合不況』によれば、日本ではすでに「１９７６年以降、設備投資の伸び率が急激に鈍化した」という。[*1] さらには80年代以降の「金融の自由化」によって、お金が国外からも流れ込みやすくなり、また「お金でお金を儲ける」財テクが広く普及した。

こうして一部の企業は、蓄積させてきたお金を設備への投資や給与支払いのみならず財テクにも回して儲けるようになり、所有するお金の量に大きな「ギャップ（格差）」が開くようになっていったのだ。

バブル崩壊後、銀行からの貸し出しが抑制された状態は平成時代の通常モードとなった。新たなお金は創り出されにくくなり、経済のパイは拡大しなくなった。

政府は私たちの自由を守る役割を持っている

今のような将来に不安がある社会では、人びとは節約してなるべくお金を貯めておくようになる。人びとの消費活動が停滞してしまえば、企業のシビアな節約志向も強固なものとなる。給与水準は上がらなくなり、非正規雇用を増加させる要因となる。貯蓄どころか日々の生活費をまかなうだけで精一杯の人びとも増加する。

こうして、各自がお金を手放そうとしなくなり、人よりもお金の価値が高い社会が固定化され、下方への螺旋《らせん》階段を皆で駆け下りていく。

少しでも良い結果を生みたいという各自の思いが、全体として現状をむしろ悪化させてしまう（これは「合成の誤謬《ごびゅう》」と言われる）。

人よりもお金の価値が高い社会というのは、当然だが、お金を払う人の立場がより強くなっているということでもある。理不尽なクレーマーや店長や取引先でも、意見が「尊重」されるのはお金を払う立場にいるからだ。ただ、この意見がどのくらい尊重されるかも限度はある。例えば企業が労働者に危険な行為をさせたり、パワハラやセクハラが横行しないよう、法律を整備しておくことに今や多くの人は反対しないだろう。

民主主義といわれる社会は、一人一票を持ち、政治に対して自分たちの意思を表現することが許される社会とされる。

税金を取り立てたり、法律を守らせたり、強力な権限を政府は持っている。例えば独裁者が登場するなど、この権力が強大になり過ぎると個人の自由も大幅に制限される。

ここで思い違いをしそうになるが、私たちから自由を奪いかねない強大な力を持つ政府という組織はまた、私たちから自由を守る役割を本来担っているということだ。

一体、何から自由を守っているのか？　それは市場社会からである。

腕力に恵まれた強い人間が暴力で組織を支配している場合、私たちは警察や法律に解決を求める権利を持っている。もちろん人間は動物と違って身体能力だけで他の者たちを威嚇したり支配できるわけではなく、例えば、モノやサービスを売買する市場が拡大した社会においてはお金を持った人間の力が相対的に大きくなる。

暴力への規制はかなり正当化されてきた。他方で、お金を持っている者が様々な権限を行使することに対してはどうだろうか？

歴史を振り返ると、市場社会の自由な競争を放置しておくことで生活や身分に大きな格差や優劣が発生し、生活の基盤が崩れ出したことに気付いた人びとは、社会の調整役として政府に市場の規制を求める声を大きくしていった。しかし、ようやく一人一票の普通選挙制度が作られたのは、市場社会が誕生してから１００年以上も後だった。

そして、さらにそこから１００年以上を経た現代において、学校の教科書で学んだはずの民主主義という考え方の意味を再検討する時期が来ている。

税は財源ではなく、富の独占と集中を防ぐための役割

戦後30～40年間くらいは累進課税も強化されていたので、経済は比較的循環した。

徐々に「規制緩和」という言葉が世界各地で登場するようになり、自由な競争こそが最適な状態であるというストーリーに変わった。一体、何を「緩和」させたのか？

それは「独占」であり「集中」である。ゲームを続けて、一人勝ちのような状態が起これば、ゲーム自体が成立しない。だから、そうならないようにルールを設ける。しかし、「独占」と「集中」が起こると、ルール自体も書き換えられ、一部の企業はさらに巨大化した。

実際に私たちは消費税を上げることの賛否には熱心になっても、グローバルな大企業が膨大な額の税金不払いをしていることには桁が違い過ぎて実感が湧かない。法人税、あるいは

所得税の最高税率は80年代以降かなり減税されてきたが、それらを再び上げるべきかどうか、アンケートさえ取られない。

しかも現在は、20世紀前半に一度死んだはずのグローバルな資本主義がゾンビのように復活している。

最初のごくわずかな差異が収拾のつかないほど大きな違いとして現れる現象をバタフライ効果という。「ブラジルで蝶が羽ばたき、テキサスで竜巻が引き起こされる」ように、巨大な集積となったお金のかたまりは金融危機を引き起こし、世界各地の人びとの安全を脅かす。

グローバルな文明社会に住んでいるはずの私たちは、気象現象のように経済的ショックを経験し、一体世界で何が起こっているのかわからず右往左往するばかりだ。

グローバル社会で語られる「自然の法則」

興味深いことに、いくら最先端な事業が展開されていたとしても、ビジネスシーンにおいてはいまだに「大自然を生き抜く」的な世界観が平然と語られる。

人間は動物とは違って、能動的に環境に働きかけ自然界には元々なかった工業製品などを次々生み出していった。18世紀のイギリスでいわゆる「産業革命」が勃興したが、その頃の時代にも人間社会における「自然淘汰」や「弱肉強食」などを主旨とした本がベストセラーとなった。

テクノロジーが発達していく時代において、人間は自然界から切り離されていくかのように見えて、むしろ「自然界の法則」のようなものが人びとの内面を納得させるためのストーリーとして持ち出された。生物学的な、科学的な装いをもって。

「争い奪い合う必要もない豊かで高度な文明社会」をこれからの人間は進歩の方向性として目指してもいいはずだったが、そうはならなかった。

税金や社会保険料を差し引いた手取り収入が月15万円程度しかないワーキングプア層は、現在１０００万人を超えている。そもそも労働者の約４割が長らく手取り20万円前後の状態に留まっている（国税庁『民間給与実態統計調査』）。

他方で、国際ＮＧＯ「オックスファム」による経済格差に関するデータによると、２０１９年に10億ドル以上の資産を持つ富裕層２１５３人の資産の合計は、46億人分（世界の総人口の約6割）の資産の合計を上回っている。

「独占」や「集中」が発生すると「循環」が起こらず、経済システムにおいては購買力の不足として表れる。作ってもあまり売れず、過剰な在庫を生んでしまう。そこで、ますますグローバルな市場に顧客を求めに行くだろう。

例えば、トヨタの売り上げが好調だとしても、実際に日本でトヨタ製の車が販売されているのは総生産台数の2割程度である。[*2] そもそも生産の段階で半分以上は海外で行われ、さらに日本で作った台数の半分も海外へ輸出されている。企業の業績が良くなる＝経済の発展という漠然としたイメージで語られることは多いが、トヨタグループ全体で働いている人の半分以上はもう日本人ではない。これは同時に、派遣社員、契約社員など身分的な意味での「人材の多様化」とパラレルでもある。

そこでは「労働力としての人的資本」だけが重要なのであり、アメリカとか日本とかメキシコとか地域の固有性は別に関係ないのである。

こういった状況は世界中で広がっており、これを国際化や人材の多様化という言葉で表現してもいい。しかし本質は、一定のところにお金が集中して購買力の不足という事態が起これば、企業はコスパのための安い人材探しの旅に出るということだけだ。

ベーシックスペース（新・地租改正）

　では、安定した消費が復活し、活発な企業投資が起これば経済が成長して豊かな社会が訪れるのか？　そうはならないだろう。

　例えば、自由な競争こそが最適な状態であるというストーリーにおいて、国民皆保険制度の廃止や水道事業の民営化がなされ、医療や水に多額のお金がかかる社会になったとしよう。お金を稼げば医療も水も得られる。あなたにはそれだけのお金を稼ぐ機会も保障されている。これは豊かな社会と言えるだろうか？

　ビジネスでは通常、スピードや効率性が求められ、無駄が嫌われる。商品ではなかったものが商品として売り出されるとき、私たちはもっと大きな時間の無駄に立ち会わされている可能性がある。

　誰かの「不足」は、誰かのビジネスチャンスの拡大でもある。実際に不足はしていなくとも、不足していることと機能的には等価な状態にすることもできる。それが「商品化」だ。

　商品になってしまえば、私たちは不足を補うようにまた違う何かを売りに出し、お金を得て商品を買う。

私たちが共通して売っているものは「時間」である。

そう思い至れば、「失われた世代（ロスト・ジェネレーション）」と言われる前の世代にも、失われてきた膨大な時間があったように思えてくる。

子どもの７人に１人が貧困状態、約４０００カ所ある「子ども食堂」、さらには「大人食堂」が拡大する現在の「貧困日本」。働く現役世代の持ち家所有率は年々減少しており、30代40代以上の「実家暮らし未婚者」も増え続けている。

では、かつての時代のように多くの人が住宅ローンを組むことができ、働けばローンも完済できるような「経済成長」の時代に戻ればいいのか？　そうは思わない。

最低限の住居（ベーシックスペース）は、商品としてではなく無条件に提供されるべきだからだ。

失ったものは違う形で取り戻す。私たちが「余暇」ではなく、生きる時間そのものを獲得するための最低条件である。

＊１　宮崎義一『複合不況　ポスト・バブルの処方箋を求めて』、中央公論社、１９９２年

「企業の『銀行離れ傾向』は、すでに一九七〇代後半からはじまり、一九八五年以降はむしろ企業は積極的に金融資産への運用を大幅に増大させる、いわゆる〝財テク〟取引を拡大させるようになった」　１３１～１３２ページ

「資金供給者側に、持続的な株価上昇によるキャピタル・ゲインへの期待が前提される限り、転換社債・ワラント債等のエクイティ・ファイナンスによって巨額の低利資金の調達が可能となり、それによって急増した手元流動性によって、キャピタル・ゲイン入手を目的とした株式への大量増資をも可能にさせ、それによって株価を急速につり上げていったのである。このメカニズムは、まさにバブル膨張の自動装置といっても過言ではないであろう」　１６９～１７０ページ

＊２　冷泉彰彦『冷泉彰彦のプリンストン通信』２０１９年11月20日

「日本経済をスカスカにした真犯人、日本発『多国籍企業』の罪と罰」

https://www.mag2.com/p/news/425152/3

第五章

銀行中心の貨幣制度から国民中心の貨幣制度へ——井上智洋

私は前章で、借金を作らずとも、最低限の住居（ベーシックスペース）は皆が確保されてしかるべきだと述べた。逆向きに言えば、最低限の住居さえ確保されれば、リスクの大きい借金に人生を捧げる必要性はなくなる。バブル経済による被害も緩和されるだろう。

井上さんは（そして松尾さんも）、銀行が多額の借金を作る（創る）ことを可能にする仕組みそのものを廃止＝信用創造の廃止を訴える数少ない論者である。

銀行から借金をすることで事業が展開され、借金を返す過程で商品やサービスが生み出されていく。利益を得た者は、また違う誰かの借金で生み出された製品やサービスを購入する。近代資本主義社会はこのようなサイクルで回り続けている。

もちろん井上さん、松尾さん共に「貧しい日本」を目指しているわけではない。特に井上さんは市場社会を否定するのではなく、その力点は「脱労働社会」に向けられている。

民間銀行による信用創造を廃止する代わりに、政府による個人への支出を増額させるべきだという主張がセットで展開されているのである。（高橋）

現代の三つの貨幣制度

現代の貨幣システムは主に三つの制度の下で成り立っている。

一つは「管理通貨制度」であり、この制度の下では、金本位制とは違って貨幣の価値は金に裏付けられる必要がない。お金の量は中央銀行が責任を持ってコントロールすることになっている。

二つ目は「銀行券集中発行制度」だ。昔はフリーバンキングと言って、各銀行が勝手に自分たちでお札を発行して流通させていた。今で言うと、みずほ銀行がみずほお札を発行するとか、りそな銀行がりそなお札を発行するというようなイメージである。

勝手にそれぞれの銀行がお札を発行していたのだが、お札がいろいろあると不便なので、中央銀行のみがお札を発行できるようにした。それが銀行券集中発行制度で、今はこの制度を採用している。

もう一つ重要なのが「部分準備制度」で、「民間銀行が預金の一部を保管するもの」ととりあえずは述べておく。一般的なマクロ経済学の教科書に書いてあるこの制度の説明は、現実のものとはかなり異なっている。

「現代貨幣理論」(Modern Monetary Theory, MMT) という最近話題になっている非主流派の経済理論は、そうした説明を正して、現実がどうなっているかということを詳細に論じている。

ＭＭＴは、ミクロやマクロといった標準的な経済学の教科書には載っていない「非主流派」の経済理論である。一般には、政府の「借金」はインフレをもたらさない限り問題ではないという主張で知られている。

１９９０年代からある理論だが、経済学者の間ですらあまり知られていなかった。だが、アメリカの史上最年少女性下院議員であるアレクサンドリア・オカシオ＝コルテス氏が、ＭＭＴに言及したのをきっかけに、２０１９年くらいから脚光を浴びるようになった。２０２０年には、コロナ危機下で各国の政府が企業や個人を金銭的に支援し、その「借金」を急激に膨らませたので、ますますＭＭＴは存在感を増してきた。

私はＭＭＴ派の経済学者というわけではないが、現代の貨幣システムがどのようなものであるかという端的な事実の指摘に限って言えば、ＭＭＴは正しいと思っている。

万年筆マネー、キーストロークマネー

部分準備制度について、まずは一般的な教科書通りに説明する。

「部分準備」というのは、預金のすべてを貸し出しに回さないで、一部を「預金準備」として残しておくということだ。民間銀行は日銀のような中央銀行に対して、当座預金を持っている。家計は民間銀行に預金を預けているが、民間銀行は中央銀行にさらに預金を預けている。この当座預金にたまっているお金が預金準備だ。

中央銀行には、銀行の銀行という役割がある。それで、その中央銀行の当座預金の方に一部お金を預けて、残りを貸し出しに回すということを行っている。「法定準備率」というのがルールとして決まっていて、預金のうちの例えば1％以上は預金準備として預けておかなければならないと法律で定められている。そうすると、残りの99％は貸し出しに回しても良いということになる。

このような教科書的な説明は現状に合っていない。

一つには、民間銀行によって預金の一部が預金準備に回されるというようなプロセスにはなっていないからだ。

預金準備は、中央銀行の「買いオペレーション」（買いオペ）や「売りオペレーション」（売りオペ）によって増えたり減ったりする。

買いオペでは、中央銀行が民間銀行の保有する国債を買い入れて、代わりに貨幣を供給する。

そうすると、民間銀行の預金準備（中央銀行当座預金）が増大する。売りオペはその逆で、中央銀行が民間銀行に国債を売って、代わりに貨幣を吸収する。そうすると、民間銀行の預金準備（中央銀行当座預金）が減少する。

要するに、預金準備を増減させてコントロールしているのは、民間銀行というよりも中央銀行なのである。

それから、預金を貸し出しに回すということにもなっていない。こういう考えは「又貸し説」と言われており、実際には又貸しではなく、民間銀行は無から貨幣を創造して貸し出す。

ＭＭＴに「万年筆マネー」とか「キーストロークマネー」という言い方がある。昔だったら銀行の帳簿に万年筆で１００万円と書き入れれば、その瞬間１００万円のお金が生まれたことになるし、今だったらコンピュータのキーボードをたたくだけでお金を創ることができる。

ある民間銀行が企業に１００万円貸し出す際には、その民間銀行が企業に持つ預金口座に１００万円と書き入れる。それだけで、新たにお金は創られたことになるし、そのお金が貸し出されたことになる。

信用創造の罠――「異次元の金融緩和」はなぜうまくいっていないか

又貸し説は現実には適合していないが、法的準備率がバインドしているかどうかは、重要なことだと私は思っている。「バインドしている」というのは、法的準備率をギリギリ満たすだけの預金準備が積みあがっている状態だ。今はまったくバインドしておらず、法定準備をはるかに超える預金準備が積み上がっている。それを「超過準備」といったり、無駄に積み上がっているお金という意味で俗には「ブタ積み」といったりする。

近年、日銀は積極的に金融緩和を行っている。特に２０１３年４月に黒田東彦《はるひこ》氏が日銀の総裁になってからは「異次元の金融緩和」を採用し、それまでとは桁違いの買いオペを行ってきた。年間80兆円近くの国債の買い入れを行っていた時期もある。それでもインフレ率２%という目標に到達できていない。

しかし、それはある意味当たり前で、そもそも貨幣供給量自体がさほど増えていない。いや増えているじゃないかと思うかもしれないが、日銀当座預金のお金、つまり預金準備が膨大に積み上がっているだけで、これは貨幣供給（マネーサプライ）、つまりマネーストックとは呼ばない。預金準備というのは、世の中に出回っているお金ではないのである。

民間銀行が企業へ貸し出しを行うとマネーストックが増大するが、貸し出しが増えていない。全然増えていないわけではないが、十分増えていないので、マネーストックも十分に増大しない。

このマネーストックの中身というのは「現金」と「預金」で、私たちが通常「お金」と言っているものだ。

それとは別にお金の定義があって、マネタリーベースと呼ばれるものであり、これは「現金」と「預金準備」の合計である。マネタリーベースの方はどんどん増えているが、マネーストックはさほど増えていない、というのが現状だ。お金が世の中でうまく流通していないというわけである。

図6では、マネタリーベースとマネーストックの増大率を比較している。

金融緩和を行ってマネタリーベースの増大率を劇的に増やしても、マネーストックの増大

図６　マネーストックの増大率とマネタリーベースの増大率

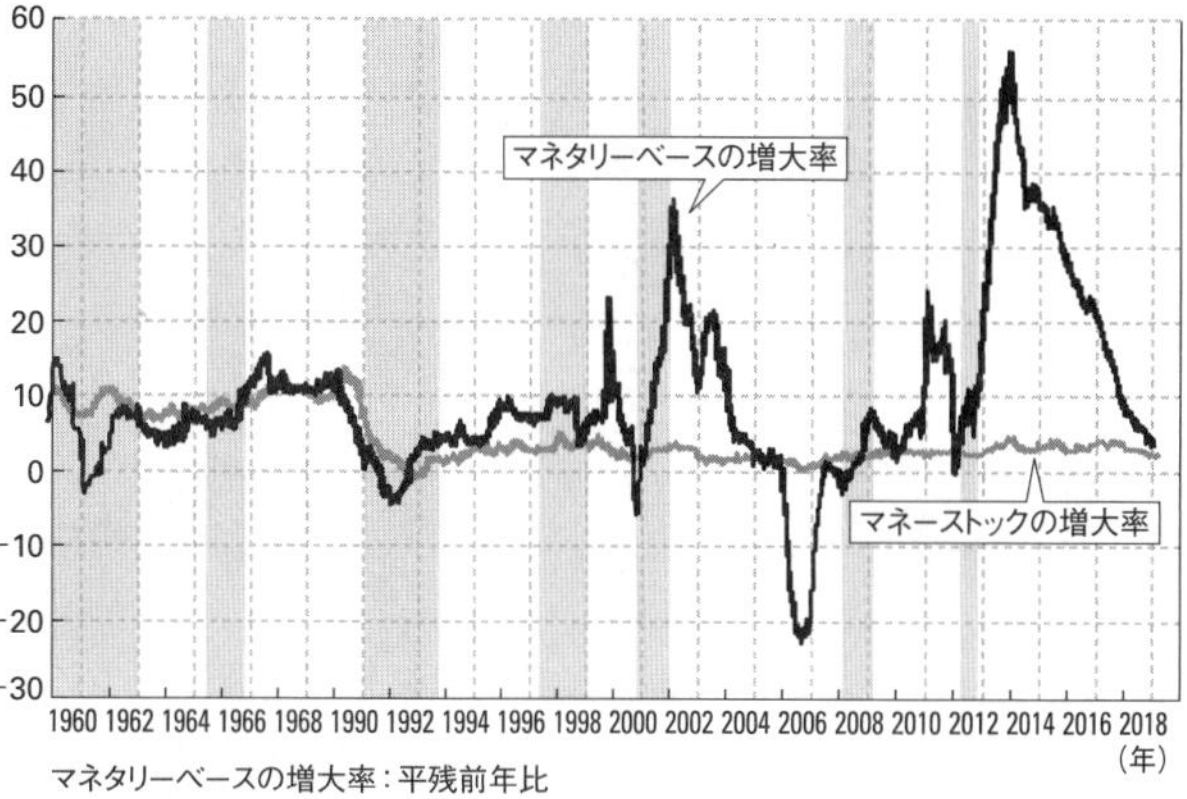

マネタリーベースの増大率：平残前年比
マネーストックの増大率：M2／平残前年比

出所：日本銀行ホームページ

率の方は低位安定して推移している。平成の30年間を見ると、およそ年率２％ぐらいでしかマネーストックは増えていない。だが、バブル崩壊以前は10％を超えていたし、バブルが起きる前ですら７～８％ぐらいのマネーストックの増大率があった。

マネーストックの増大率が低過ぎるので、インフレ率が低いのは当たり前だ。

このようなマネタリーベースとマネーストックの増大率のデカップリング（かい離）を、私は重要視しているが、そこに注目している経済学者というのはあまりいない。

そもそも、マネタリーベースとマネーストックを区別せずに、「金融緩和を行って貨幣量を増やしているのに需要が増大しないのは、流動性の罠に陥っているからだ」などと言ってしまう経済学者があまりにも多い。その貨幣量が、マネタリーベースを指しているのか、マネーストックを指しているのかよくわからないから、全体として言っていることが意味を成していないのである。

失われた30年の間に実際起きていたことは、「金融緩和を行ってマネタリーベースの増大率をかなり引き上げても、マネーストックの増大率が上昇せず、それがゆえに需要が十分に増大しない」ということだ。この現象を、私は「信用創造の罠」といっている。

ヘリコプターマネーとは何か？

信用創造の罠から脱却するために必要なのが、「ヘリコプターマネー」政策だ。

私の定義では、ヘリコプターマネーというのは、公的機関が貨幣発行を財源に政府支出を行うことをいう。

そもそもヘリコプターマネーというのは、ミルトン・フリードマンというノーベル賞を受賞した経済学者の思考実験が元になっている。それは、ヘリコプターで空からお金をまくかのように、世の中に出回るお金を増やしたらどうなるかという思考実験だ。そこからヘリコプターマネーという経済用語がマクロ経済学者の間で使われるようになった。

私は、ヘリコプターマネーにもやり方が少なくとも3つはあると思っている。

まず「直接的ヘリコプターマネー」と「間接的ヘリコプターマネー」に分類できる。直接的ヘリコプターマネーとして「政府紙幣発行」と「直接的財政ファイナンス」がある。そして、間接的ヘリコプターマネーとしては「間接的財政ファイナンス」がある。

通常のお金の流れというのは、中央銀行が買いオペを行って預金準備が増大し、金利が引き下がり、貸し出しを増やすことができるようになって、マネーストックが増大する、というようなプロセスである。

ＭＭＴ派の経済学者は、そのようなプロセスは現実的ではないと言うだろう。彼らは中央銀行が買いオペを行うと、確かに政策金利が下がるけれど、それによって貸し出しが増えるかどうかはかなり不確かであると主張している。

今後、実証分析の結果、ＭＭＴ派のいうことが正しいと判明する可能性もなくはないだろう。ただ、私は今のところ、この点については教科書通りのメカニズムが働くと思っているので、そう仮定して話を先に進める。

貸し出しによって信用創造が行われて、マネーストックが増えても、私たちの家計が潤うとは限らない。企業が内部留保としてお金を貯め込んで、賃金を引き上げないかもしれないからである。

今はまさにそういうことが起きている。金利がゼロまで引き下がっているのに、預金準備ばかりが積み上がり、マネーストックがあまり増大しないうえに、企業がお金を貯め込んでいるので、家計に回ってこない（コロナ危機下に限ってはマネーストックは劇的に増大している）。

このように、銀行と企業という2つもお金の流れを堰き止める存在が家計の前に存在してしまっている。これらが、今の貨幣制度の問題点だ。だから、金融緩和政策を実施していくならマネタリーベースを増やしても、マネーストックはそれに応じて増大しないし、賃金は上昇せずに家計の消費需要も増大しない。

なぜ日本にはヘリコプターマネーに反対する人が多いのか？

世の中に出回るお金の量を絶えず増やさないといけないというのは、歴史的な事実だ。

資本主義の下では絶えず経済は成長するわけだから、経済の規模が大きくなるに従って、お金の量を増やしていかないといけない。

こういうお金を経済学では「成長通貨」と呼んでいる。マネタリーベースを増やしてもマネーストックが増えないということであれば、もっと違うやり方でお金を増やせば良いということになってくる。

例えば、政府が紙幣を発行して、そのままそれを家計に配るということが考えられる。

政府が紙幣を発行するということは、じつは近代以前にはよく行われていた。特に頻繁に行っていたのは中国で、宋の時代から「交子」とか「会子」といったお札があって、政府はそれらを発行して支出に充てていた。

江戸時代の日本には「藩札」という藩が発行しているお札があった。明治時代になってからも太政官札のようなお札を発行して、それを財源に戊辰戦争を戦っていた。

そういう政府紙幣を発行するというのが、直接的ヘリコプターマネーのやり方の一つである。

もう一つが、私が直接的財政ファイナンスと呼んでいるもので、中央銀行がお金を発行して、それを政府に渡す、政府は国債を中央銀行に渡す。政府がそのお金を家計に配るというものである（これはイメージ的な説明であって正確ではない）。

これは統合政府（政府＋中央銀行）というくくりで見ると、政府紙幣と行っていることは基本的には同じである。

いずれも貨幣発行を財源に政府支出を行っていることになる。ただし、貨幣の発行を中央銀行が担い、支出を政府が担うというように、役割を分けた方がインフレになり過ぎないで済む。

逆に言うと、政府紙幣の一番大きな弱点は、政府はこれを使って財政支出を増やすと、過度のインフレになる可能性があるということだ。その歯止め役が必要であり、直接的財政ファイナンスにおいては、中央銀行がそれを担えるのではないかということだ。

例えば、インフレ率が２％になるまで、中央銀行が国債を買い入れて、政府にお金を渡すというふうな取り決めにしておくことが考えられる。

直接的財政ファイナンスは、１９３０年代に蔵相の高橋是清《これきよ》の下で高橋財政として行われていた。国債の日銀直接引き受けを財源に軍事支出が拡大していたのである。

是清はその拡大に対し反対に回るようになったので、二・二六事件で暗殺された。その後は、是清のように抑えに回る人がいなくなったので、貨幣発行を財源に軍事支出を拡大していった。

図7　間接的財政ファイナンス

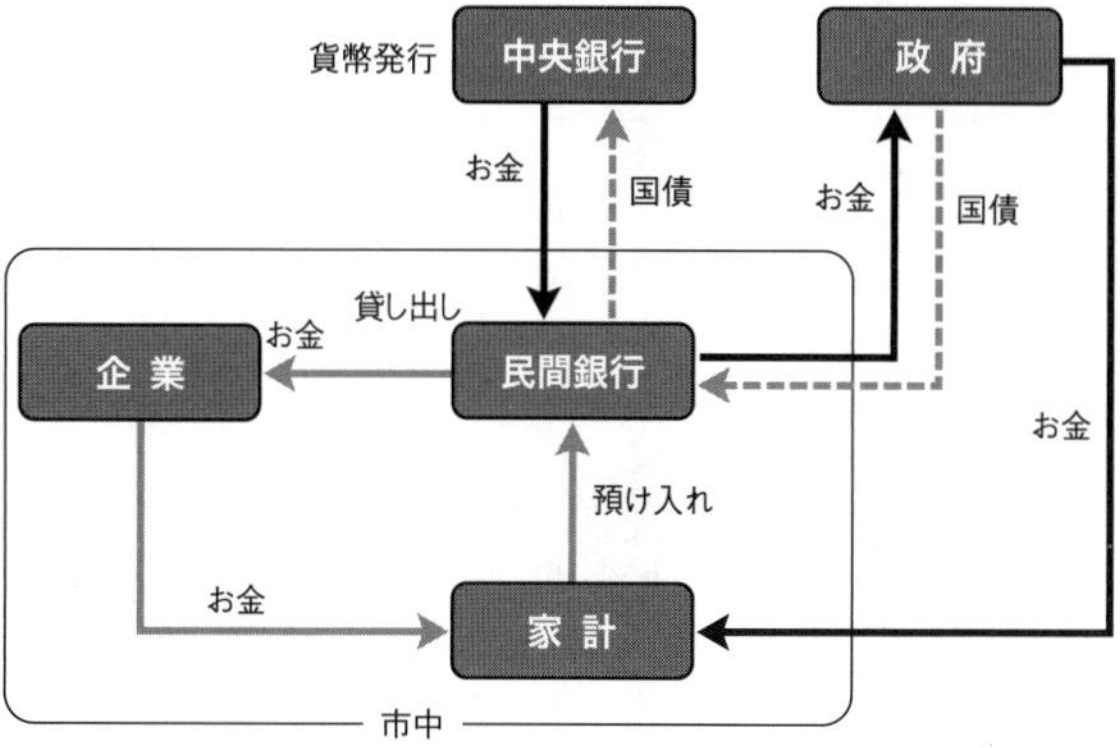

筆者作成

そういう負の歴史が日本にはある。それゆえに日本では特にヘリコプターマネーに反対する人が多い。

しかし、一つには中央銀行に対し2％のインフレ率になるまで国債を買い入れるということ、それから、政府に対しては一般的な支出には使わないということ、つまり、これを財源にダムや橋を作ったりしないということ。これら二つの足かせをはめるのであれば、直接的財政ファイナンスは望ましいものとなるだろう。

間接的財政ファイナンスは、特別なものではなく、すでに実施されている政策である。図7のように、政府が支出の際に国債を発行して民間銀行が買い入れ、その国債をさらに中央銀行が買い入れる。そういうことで、政府支出の財源が間接的には中央銀行発行のお金になっている。

別の言い方をすれば、国債がマネタイゼーション（貨幣化）されて、預金準備というお金に変換されている。日銀は、金融緩和政策の手段として買いオペを行っており、それはまさにこのマネタイゼーションを行っているのである。

したがって、今の日本はある程度、間接的財政ファイナンスという形で、ヘリコプターマネーを実施しているということになる。

今のところ中央銀行には財政支出をする権限が与えられておらず、なんらかの資産と交換でしかお金を渡すことができない。中央銀行がお金を発行して、何の対価もなしに差し出すというわけにはいかないのである。

対価として資産が求められており、基本的には国債がその資産となっている。直接にせよ間接にせよ財政ファイナンスというのは、政府と中央銀行の間で、国債と貨幣の交換を行っていることを意味する。

貨幣発行益を配当せよ

「ヘリコプターマネー」という言葉が良くないと多くの人から批判を受けている。私は、代わる名称として「国民配当」とか「国民ボーナス」というのを提唱している。

「ヘリコプターマネー」と似たような用語で「ベーシックインカム」（ＢＩ）がある。ＢＩは社会保障制度の一種であり、国民全員（居住者全員の意味で常に用いている）に生活に必要な最低限のお金を給付することを意味する。財源はなんでも構わないのだが、一般には税金とされている。それに対し、ヘリコプターマネーは、基本的には社会保障制度という意味合いはなく、貨幣発行益を財源としたお金のばらまきを意味する。ただし、ＢＩとヘリコプターマネーをオーバーラップさせて考えることもできる。

ＢＩの基になる考えを論じた人がいろいろといて、そのうちの１人がクリフォード・ヒュー・ダグラスというイギリス生まれの経済思想家である。イギリス空軍の少佐だったこともあるので、ケインズの主著である『雇用・利子および貨幣の一般理論』[*1]という本に、ダグラス少佐という名前で登場する。

ケインズからは「面白いことも言っているけどトンデモっぽい人」という扱いを受けてい

る。そのダグラスが、貨幣を発行してお金を国民に配れという意味のことを言っていて「国民配当」という言葉を使っている。

企業の株主は年に2回ぐらい配当という形で、企業からお金をもらうことができる。企業は収益を得ているから株主はお金をもらえるわけだ。そうすると、政府が収益を得ている場合、政府は儲かった分を国民に配当すべきではないか、というようにも考えられる。

そこから国民配当という考え方が出てくるわけだが、これは資源国ではすでに実施されている。国民配当という言葉は使っていないが、アラスカやイランでは、石油や天然ガスから得られる収益を元に国民にお金を給付している。

それでは、日本のように資源のない国は、国民配当として配当するものが何もないかというと、貨幣発行益がある。

貨幣発行益を配当せよ、ということを私はこの10年ぐらい主張し続けており、それを一言で「国民配当」と言い表している。ただ、配当という言葉になじみのない国民も多いので、変動し得る特別な手当という意味で、「国民ボーナス」と呼んでも良いかと思っている。

信用創造廃止論

先ほど私は貨幣発行益について述べたが、中央銀行がお札を発行する一方、信用創造という形で民間銀行も貨幣を創造している。そういうことであれば、民間銀行も貨幣発行益を得ているということになる。

それどころか、マネーストックの大部分を占める預金を創造しているのは民間銀行なので、主に貨幣発行益を得ているのは、民間銀行ということになる。

この事実を基にすると、今の貨幣制度は、民間銀行が勝手にお金を発行して儲けているということを意味していて、どうして民間銀行だけが特権的にそんな権利が与えられているのか、という問題を生み出す。

この問題を解決する一つの方向性として、国民全員あるいはすべての企業が貨幣を発行して、そこから利益を得るようにしようという考えがあり得る。

それは、今の世の中の潮流に合っていて、例えば、ビットコインなどの仮想通貨をマイニングして儲けている人は、いわば貨幣発行益を得ていることになる。当然、ほとんどの人はマイニングを行わないので、儲かる一部の人と儲からない多くの人とで格差が拡大する。これは、貨幣発行益の権限を分権化する方向性である。

逆に、集権化することも考えられる。つまり、民間銀行が預金を創る権限をなくして、中央銀行のみがお金を創れるようにするという方向性で、「信用創造廃止論」として知られている。

信用創造を禁止するというのは、別の言い方をすると、部分準備ではなくて１００％準備にするということだ。「１００％マネー」という用語も用いられており、アーヴィング・フィッシャーやミルトン・フリードマンといった著名な経済学者によっても論じられてきた。

１００％準備は、預金したら銀行がそのお金を１００％保管するということを意味する。預金準備と預金の額が常に等しくなるのである。そうすることで、銀行はお金を創れないようになる。

実際には、民間銀行は又貸しではなくキーストロークマネーによってお金を創って企業に貸し出しているという話だったが、それが不可能になるというわけだ。

預金準備が１００億円であれば預金も１００億円でなければならない。１億円お金を創って貸し出すのであれば、預金は１０１億円になり、１００％準備ではなくなる。

この制度の下でも、中央銀行が民間銀行に預金準備を供給すれば、その分だけ預金は増大することになる。それゆえ、中央銀行による民間銀行に対するオペレーションも併せて廃止されることが考えられる。

私たちは民間銀行に対して、お金を貸しているのか預けているのかよくわかっていない。信用創造廃止論というのは、こうした二重性があるがために、民間銀行はお金を創造できるので、この二重性をやめるべきではないか、ということでもある。

そうすると、民間銀行は巨大な金庫にしかならなくなる。お金を貸すという金融仲介の役割をどうしたら良いかというと、それは別建てで行う。要するに、「預け入れ」と「貸し出し」を明確に分けるべきだということだ。

貸し出しは貸し出し、預け入れは預け入れと区別して、預け入れたお金は他に貸さない。そのような峻別をすることで、銀行はお金を創れないようになる。

信用創造廃止と私が言ったときに、それは今までの銀行が行っている与信、つまり融資の審査を役所が行うという意味ではない。そういう形での信用創造廃止というのもあって、ダグラスの社会信用論では、融資専門の公的な機関を作ってそこがすべての融資を担うといった主張もなされている。

私はそのような公的融資ということはまったく考えておらず、これまで通り民間経済主体が融資すべきだと思っている。

消費者金融などのいわゆるノンバンクは、他から資金を調達して貸し出しを行っている。銀行もノンバンクのようにお金を貸し出すべきだ。ただ、何らかの投資信託を家計に売るという方が話としてはわかりやすい。

今でも、例えば３０００万円の預金のある人が、預金保険の効く１０００万円を超える部分、つまり２０００万円をどうするかと銀行に相談したら、投資信託を進めてくるだろう。ちょうど今はゼロ金利なので、この１０００万円が私のいう「預け入れ」で、利子がつかない代わりに元本が保証される部分に相当する。残りの２０００万円が「貸し出し」で利子や配当がもらえる代わりに元本が保証されない部分に相当する。

国民中心の貨幣制度——それはどんな幸福をもたらすか？

民間銀行が信用創造できなくなると何が良いのか？

まず一つにはアメリカではよく議論されていることで、景気の安定化である。

今の仕組みであれば、景気が良くなると銀行がどんどん自分でお金を創っては貸すということを行ってしまう。銀行は景気が良くなればなるほどお金をたくさん創造して、景気を加熱させバブルを生み出す。そして、景気が加熱するほど、バブルが弾けた後の景気の悪化は深刻なものとなる。

住宅バブルの後リーマンショックが起きて、アメリカが不景気のどん底へ陥っていった流れを思い出してほしい。１００％準備制度を採り入れることによって、そういう銀行の暴走にある程度歯止めがかかるというのが、わかりやすい方の話である。

一方のわかりにくい方の話は、信用創造を廃止して中央銀行が丸々お金を創れるようになると、私たちは貨幣発行益を１００％享受できるようになるということだ。私が積極的に喧伝しているのはこちらの方である。

民間銀行がお金を創っていると、その分の貨幣発行益を国民が享受できない。信用創造を廃止すると、民間銀行が貨幣を創造しない分、中央銀行が丸々貨幣発行益を得ることになる。その利益を国民に分配するというのが貨幣発行益の国民配当ということだ。

そういう意味では、私の１００％準備の話は、貨幣発行益を国民配当するという政策とセットになっている。中央銀行が発行した分のお金を国民配当として私たちに回してくれるのであれば、民間銀行の信用創造を抑制すればするほど国民配当が増えるということになる。

今の制度のまま、要するに部分準備制度のまま国民配当を行っても、私たちが受け取れるお金はかなり少なくなる。

今の部分準備制度の下では、預金の１％も満たないくらいしか預金準備がない。逆に言うと、民間銀行は預金準備の１００倍くらい預金というお金を膨らませることができるのである。そうすると、その分だけ銀行や銀行に資産を預けている資産家が貨幣発行益を得ていることになる。

銀行だけ信用創造ができて、私たち家計にはできない。銀行は自分で貨幣を創って儲けているが、私たちは儲けられない。

いっそのこと中央銀行がすべての貨幣を創造できるような仕組みに変えて、その貨幣を国民全員に分配しようというのが、私のいう「国民中心の貨幣制度」なのである。

なお、ＭＭＴ派は私のような「信用創造廃止派」とは意見が異なっている。ＭＭＴ派は、例えば１００％準備を導入して銀行が貨幣を作り出せないようにしても、貨幣の代わりとなる新たな金融商品が作り出されるだけで、意味がないと主張する。本当に意味がないのだろうか？

これまでもＭＭＴ派とは様々な議論を積み重ねてきたが、今後さらにこの点について意見を交換していきたい。

いずれにしても重要なのは、「国民」に直接現金を給付するような政策であるヘリコプターマネー（国民配当）をマクロ経済政策の主軸に据えて、景気をうまくコントロールするということだ。「銀行」でも「企業」でもなく「国民」というところを特に強調しておきたい。

＊1　J・M・ケインズ『雇用・利子および貨幣の一般理論』塩野谷祐一訳、東洋経済新報社〔普及版〕1995年

第六章

信用創造を廃止し、貨幣発行を公有化する——松尾匡

最も論争的な章である。それは主にＭＭＴ論者に向けられている。欧州諸国によるアフリカの植民地支配が、圧倒的な暴力による侵略行為であったことは自明である。それ以降、アフリカ大陸は自給自足経済から一挙に貨幣経済化への道を余儀なくされた。実はそのことと、私たちが国家の発行する紙切れさえ差し出せば田畑を耕さずともすぐさま食料を得ることができることは表裏一体である。

韓国やスイスなど徴兵制がある国家は、国民への兵役義務を課している。徴兵制がない国においても、強制的な税の徴収に関してはどの国家も共通して行う営みである。国家はその都度強制的に資源を回収しなくとも、貨幣を配布してから回収するルールを設定さえしてしまえば、あとは貨幣獲得のための経済活動に各自が勤しむようになるだろう。税逃れはできない。なぜならば、懲役が待っているからだ。

国家は自らが発行する貨幣を欲しているのではなく、資源や労働力を効率的に動かすために税を課すのである。それはイデオロギーではなく現実の描写である。もちろん、その営みは民主的な公共目的に適うよう編成されていくべきである――。

おそらくＭＭＴ論者による応答はこのようなものになるだろうか。つまり、ＭＭＴをイデオロギーと断ずることは、むしろ松尾さんの意に反して税の強制性を覆い隠すことになってしまわないだろうか。

デヴィッド・グレーバーは『負債論』で、国家の振る舞いについて「いかなる権利において?」と問うた。他方、グレーバーの提示したコミュニズムとは異なった世界観で松尾さんはその問題意識を描写している。

さて、どのような文脈で展開されているのだろうか。(高橋)

社会から乖離する貨幣の創られ方

信用創造批判派は債務ではない貨幣のシステムを実現しようと求めている。

問題視しているのは、貨幣というのは現実の商品生産経済においては血液のような誰にとっても重要なものなのに、それが民間営利銀行によって私的利潤目的のために創られていることである。

水道事業が民営化されようとすると、命の源を私的利潤目的に委ねるのは何事かと、正当にもたくさんの人が立ち上がって大騒ぎになる。しかし、今日のシステムではそれと同じくらい大変なことが公然と行われているのに、ほとんど問題にされないのは奇妙なことである。

現実の世の中で貨幣の多くがどのように創られているのか、改めて確認しておこう。

ある企業が設備投資のために銀行から1億円借金をすることになったとき、その銀行は、当該企業がその銀行に持っている預金口座に1億円と書き込む。それだけである。

その口座の1億円が、従業員や仕入れ先の預金口座に振り込まれて、支払い手段として世の中に流通していくのである。これが信用創造と呼ばれるものである。

世の中に出回っている貨幣の大半は預金通貨であって、現金はごく一部にすぎない。だから、世の中に出回っている貨幣の大半は、民間の銀行によって無から創られたコンピュータ上の電子データなのである。

問題はこれが、社会のニーズに直接基づいて決定されるのではない、私的企業による孤立排他的な営利目的の判断による借り入れに対して、これまた孤立排他的な利子獲得目的の私銀行の判断で応じることで創られるものだということである。

だから、それは社会が本当に必要とする貨幣の創り方から必ず乖離し、その乖離はしばしば勝手に拡大していって、経済の正常な再生産を破壊することになる。

例えば、好況時には企業も銀行も事業見通しが強気になって、貸し出しを増やすので、それだけ世の中に貨幣が出回ることになる。すると、人々はそれだけ財やサービスがたくさん買えるようになって総需要が高まり、さらに景気がよくなる。そうすると企業や銀行の事業見通しはますます強気になり、貸し出しがさらに増える。

こうして景気が過熱していっても、それに煽りをかけて貨幣が増やされて、ますます景気が過熱して、インフレやバブルがひどくなってしまう。

不況時には逆になる。

企業も弱気になって借金しようとしないし、銀行も弱気になって貸ししぶる。むしろ「早くカネ返せ」といって取り立てていく。銀行の貸し出しが貨幣を創る行為だったから、逆に銀行に借金を返すのは世の中から貨幣を消す行為である。だから、不況で経済に貨幣が不足しているときに、それが出されずに、それどころか消し去られていく。そうすると人々の購買力がなくなって総需要が減退し、ますます景気が悪くなる。企業も銀行もさらに弱気になって、さらに貨幣が消し去られ、ますます景気が悪くなってしまう。

中央銀行の独立とは、銀行界の言いなりになること

それをコントロールするのが中央銀行だと言うかもしれない。しかし、大半の国では中央銀行は人民の民主的管理のもとにはない。それは政府から独立していることになっているからだ。

政府からの独立ということは、たいていの場合、事実上は銀行家の管理のもとに置かれることを意味する、と信用創造批判派はみなす。

だから、例えば、景気が過熱して貸し出し（＝預金）が拡大しているとき、銀行が中央銀行のもとで積まなければならない準備預金の必要額（法定準備）も増えていくが、しばしば中央銀行は必要な分を銀行に貸し付けてしまう。

各銀行が預かっている預金の一定割合（法定預金準備率）は中央銀行に準備預金として預けなければならない決まりになっていて、そのことで野放図な貸し出しは規制されるはずなのだが、こういうわけで実際にはあまり意味がなかったりするのである。

貨幣発行を公有化するヘリマネ論

信用創造を廃止してしまえば、貨幣の創造が私企業の都合でなされて社会の都合と矛盾する事態はなくせる。

信用創造批判派は現行の貨幣システムに代えて、民意を民主的に代表する国家機関が政府通貨を発行し、公共的目的のためにそれを使うことで世に貨幣を出すことを主張している。つまり、民営になっていた貨幣発行を公有化するということである。

このもっとも有力な提唱者の一派に「ポジティブマネー」派があるが、この意味は「債務＝貨幣」を否定した「債務（マイナス）ではないプラスの貨幣」ということである。

銀行の債務である預金通貨は、企業や政府の債務と引き換えに出される。中央銀行の債務の形式をとっている準備預金は、政府や民間の銀行の債務と引き換えに出される。

それに対して、政府通貨は誰の債務とも引き換えられずに出される。昔なら政府が紙幣を印刷してばらまくか支払いなどに使う、今なら政府が公衆の口座や支払い先の口座に書き込むということである。このような、政府通貨を出すことによる財政支出は「ヘリコプターマネー（以下、ヘリマネ）」と言われる。

国債を中央銀行が買う政府支出はヘリマネと同じ

このアイデアは実現までの道のりが途方もなく遠く感じられるかもしれない。たしかにこれ自体は、現在の銀行制度も中央銀行制度も全部なくしてしまって全く新しいものにしてしまうプランである。ラジカルにはちがいない。

しかし、そこまでせずとも、国債を中央銀行に引き受けさせて政府支出する方法でも、実質的には政府通貨と同じことになる。それも法律を変えないといけないからだめと言うならば、今も行われているように、民間銀行が国債を買って政府支出して、その国債を中央銀行が買い取る方法でもよい。実質的にはやっていることは変わらない。

中央銀行の保有する国債は、インフレを抑える必要が出てこない限り減らされることはないし、将来いくらひどいインフレが起きても、すべてが売りオペ（中央銀行が保有する国債を民間に売って貨幣を吸収する操作）されたり償還（国がお金を返して国債をなくしてしまうこと）されたりするわけではない。必ず中央銀行の金庫に残り続ける額がある。

そうすると、それらの国債と引き換えに民間の銀行の準備預金に振り込まれた貨幣は、回収されずに永遠に残り続ける。

デフレ不況を脱して名目的にせよ経済が成長し続けるならば、この、中央銀行の金庫に残り続ける国債の額もまたそれに対応して成長し続ける。

ということは、量的緩和下での赤字財政出動にせよ、国債の中央銀行引き受けによる財政出動にせよ、不況対策で出した国債のかなりの部分、デフレ不況のときならおそらく全部は、実質的に償還される必要はなく、中央銀行の金庫の中で借り換えして存続し続けることになる。それゆえそれと引き換えで民間銀行に出された準備預金もまた、回収されずに残り続ける。

結局、これは政府が政府通貨を創って財政出動したのと同じことになる。ヘリマネの本質は、これによって出された準備預金や紙幣が、将来も中央銀行によって回収されることなく残り続けることにある。

それゆえ、国債の中央銀行引き受けによる財政出動もヘリマネと呼んでいいし、量的緩和下での赤字財政出動も実質的には同じである。

国債を民間で持たせる政府支出ではなぜダメなのか

これのどこが重要なのか。国債を民間銀行に買ってもらってそのまま民間で保持されることによる政府支出と、前述のケースとで、どこが違うのだろうか。世の中に出回る貨幣である銀行預金が作られる量自体は変わらない。民間銀行に国債を持たせた場合にも、その国債と同じだけ、政府の支払先業者の預金に金額が追加されるのだから。

だったら国債を民間銀行に買わせるだけでよく、中央銀行がそれを買い取る必要はないのではないか。——このような疑問があるかもしれない。

今、仮に経済がノーマルな時代で、銀行が公的に許された貸し出し上限のぎりぎりまで貸し出ししているとしよう。貸し出しするとその分預金が作られるが、銀行は預金の一定割合を日銀に準備預金として預けておかなければならない決まりになっている。逆の言い方をすれば、準備預金の一定倍しか預金を持てない。それが貸し出しの上限になる。

もし、銀行がその上限ぎりぎりまで貸し出しをしていたならば、政府が国債を発行して民間の銀行に買わせ、支払い先業者の預金が作られると、そのままでは預金が上限を超えてしまうので、銀行は準備預金をもっと積み立てなければならなくなる。

そこで、準備預金が足りなくなった銀行は、ほかの銀行からお金を借りようとするが、ほかの銀行もみんなぎりぎり上限まで貸し出しをしていたならば、どこも貸そうとはしない。なので銀行どうしの資金融通の金利が上昇する。するとやがては世の中の普通の金利もそれにつられて上昇することになる。

そうすると、設備投資の資金繰りがつかない企業が現れて、そうでない場合と比べて経済全体の設備投資の総量は少なくなるし、ぎりぎりで操業していた企業の中には日々の操業の資金繰りもできなくなって脱落するところが現れるだろう。どちらにせよ、景気の足は引っ張られてしまう。

中央銀行がそんなことになることを望まず、銀行どうしの資金融通の金利が上がらないように維持しようとしたら、銀行から国債を買い取って、ルールを満たすのに必要な準備預金を渡さないといけない。結局、中央銀行が民間の銀行から国債を買い取るという姿勢のもとで、政府が民間の銀行に国債を出して政府支出する方法に帰着することになる。

では、経済がノーマルな時代ではなく、銀行が上限まで貸し出しせず、公的に決められた額よりもたくさんの準備預金を抱えているならばどうだろうか。この場合は、民間銀行に国債を買ってもらって政府支出しても、預金が増えたせいで準備預金を積み増さなければならないということはない。このかんの日本はそうである。だとしたら、国債を民間銀行に買ってもらってそのまま民間で保持される方式でも、金利が上がることはないので変わりがないということにならないだろうか。

いや、私見ではそうではない。国債を発行して預金通貨を増やして政府支出したあかつきには、将来多少は景気が持ち直し、ある程度貸し出しが回復して、銀行がよけいな準備預金を抱えたりしないノーマルな経済が復活するかもしれない。すると、その状態で国債の満期がきたら、銀行は、金利を上げないと借り換えに応じなくなるだろう。そうすると、まだ十分景気が回復していない段階で金利が上がり景気回復にブレーキがかかるかもしれない。満期がきた国債を借り替えずに、税金で返してしまったらなおさらそうである。世の中からその分預金通貨が消えてしまうので、人々の購買力が失われるからである。

それが見込まれると、現時点でも企業が設備投資しようという意欲はくじかれてしまう。特に、将来景気回復にブレーキがかかりデフレから脱却できないと予想されると、借金が実質的に重くなっていくので設備投資しなくなる。（実際やらなくても）将来増税で返すなどと人々に思われた日には、その増税に備えて現在の支出が抑制されるかもしれない。

こんなことを防ぐには、政策当局は「将来も、インフレが問題になるフェーズになるまでは、景気の足をひっぱることはしませんよ」と保証しなければならない。だから、政府支出に際しては、出した国債を民間銀行に持たせたままにするのではなく、中央銀行が買い取ることが必要なのである。もちろん銀行に国債の売買差益をもうけさせるのはしゃくだし、（しょせん形式的なことでしかないが）中央銀行が額面よりも高く国債を買って帳簿上損を出す事態が美しくないと言うのならば、政府が国債を直接中央銀行に買わせることを許せばいいのである。

「ニューケインジアン」の発展バージョン

国債を民間に発行して政府支出を拡大する一方で中央銀行が民間から国債を買い入れることで不況克服を図る策は、今となっては現実に引きずられて主流派の多くの論者が認めるようになっているが、元来は、「ニューケインジアン」と呼ばれる主流派経済学の一派の、後期の発展バージョンが主として提唱しているもので、特に、その中でも政治的に左派（アメリカではいわゆる「リベラル派」）に多い主張である。この中には、中央銀行の直接引き受けで政府支出を拡大することを提唱する者もいる。

それが結局のところ信用創造廃止派の政府通貨論者のヘリマネ論と同じものであることは当人にも認識されている。ニューケインジアンの大物のマイケル・ウッドフォードが、信用創造批判派の政府通貨論者のアデア・ターナー（『債務、さもなくば悪魔』[*1]という邦訳本で日本でも知られている）に対して、量的緩和下の赤字財政支出は結局ヘリマネと同値だと言ったことに対して、ターナーも同意している。ウッドフォードは、中央銀行と政府が独立に意思決定できる分、この方式の方がヘリマネ自体よりもよいと言っている。それに対してターナーは、中央銀行の持つ国債が返さなくていいものだと公衆に正しく認識されないかもしれないと反論している。

そしてまさしくこの認識からターナーが提案しているのが、日銀保有国債の一部を、無利子永久債に転換して事実上消却せよという『日本経済新聞』での提案である。同様の提案は、２０１７年３月14日の経済財政諮問会議で、ニューケインジアン側と見られるジョセフ・スティグリッツもしている。

すなわち、遠い将来における信用創造制度の廃止とか、あからさまな政府通貨制度の導入については賛否が分かれるかもしれないが、当面現実的に可能な不況対策としては、ニューケインジアンの発展バージョンの左派と、信用創造批判派の政府通貨論との間には、実質的違いはないことがわかる。

信用創造批判派の主張と等しいMMT

そして、こんなことを言うとMMTの論者からは必ず怒られるのだが、こうした政策はMMTの主張する政策とも実質的に同じである（もちろん、ひどい不況を抜け出した後でやることについては、ニューケインジアンとMMTは大きく違ってくるのだが）。

たしかに、MMTの特殊日本的な変容バージョンでは、国債の民間保有にこだわる向きがあり、中央銀行がその国債を買うことに拒絶感を示すケースが見られる。

しかし、それは元来のMMTの志向ではない。MMTの創始者であるビル・ミッチェルは、国債を廃止し、民間の銀行に準備預金を振り込んで、政府支出先の業者の銀行預金を同じだけ増やすことで政府支出することを唱えている。国債という形が必要なら、中央銀行が国債を直接引き受ければよい。それができないのならば、民間に国債を発行して政府支出して、国債を中央銀行が買い取るほうが、それを民間に残すよりも、短期金利のゼロ金利を維持できるのでいいと言っている。

これは、理想としても、現実妥協としても、信用創造批判派の主張と等しい。信用創造批判派は、このもうひとつかなたの理想として政府通貨をおいているだけである。そして不況下の目の前の現実妥協型については、ニューケインジアンの発展バージョンの左派も含めて同じことを言っているのである。

もちろんこれは同床異夢であって、ＭＭＴはニューケインジアンのように将来予想を操作する目的でこのような主張をしているわけではない。だが、ＭＭＴ論者当人の意図にかかわらず、このような政策がとられれば将来にわたって金利が低く抑えられる予想によって、実際景気にプラスの効果はでるだろう。

それゆえ当面の現実的プランとして、政府通貨論者の議論は、他の反緊縮経済政策論者の議論と違っているわけではない。

信用創造が合理的だった時代

ところで、貨幣が民間銀行の私益のために創られることで社会に損害をもたらすことは、以前からわかっていただろう。なぜ今頃それに対する批判が広がったのだろうか？

もちろん、信用創造廃止論は昔からあったし、彼らは現行システムが採られた理由を銀行家の陰謀のせいにしてきた。だが、時代にそぐわないまったく不合理なシステムが持続することはない。これまで信用創造制度が続いてきたことには、何らかの合理性があるはずである。

ここでは、筆者が『ケインズの逆襲　ハイエクの慧眼』[*2]で展開した論理にしたがって、この問題を検討してみよう。

この拙著で筆者は、リスクと決定と責任が一致しないとシステムには不具合が生じるということを述べた。

設備投資が旺盛に興ることが社会にとって必然の課題だった時代を考えてみよう。そのような時代には、既知の商品種類や技術の設備投資では足りない。新商品や新技術のための設備投資が起こらなければならない。しかし、それは社会のニーズに合致したものであるかどうか事前にはわからないリスクがある。

もし設備投資決定者が、例えば国の資金で設備投資して、失敗しても自腹で責任をとらなくていいならば、どんどんリスクの高いことに手を出してしまうだろう。だから、リスクのある設備投資決定には、その決定者に結果の責任を負わせるのでないといけない。

ただ責任を負わせるだけで、成功した時の成果を国が勝手に取っていったならば、あえてリスクのある決定に乗り出す人はいなくなるので、成功したらその成果は決定者に帰属させなければならない。こうして、資本主義的な私有財産制度が合理的なものになる。

しかし、これをきっちり実現しようとしたら、みんな事業は自己資金で行い、失敗の責任は一人でかぶるのでないといけない。これではできることの規模に限界がある。

19世紀のような繊維産業中心の時代ならそれでよかったかもしれない。しかし、企業規模がもっと大きい時代になると、設備投資を行う事業家個人に責任を負わせていては、そんな巨額のリスクを引き受ける能力のある人はほとんどいなくなる。

そこで銀行が出てくるのである。

銀行が信用創造で資金を創って貸し付けるということである。

これを国がやると、いくらでもリスクの高いことに資金を出してしまう。そうでなければ、いったいどんな基準で貸し付けるか問われてしまう。貸してもらえるかもらえないかが役人の恣意で決まり、それ自体が民間人にとってリスクになる。それは腐敗の温床になる。

それに対して民間銀行の場合は、銀行家の私的判断で融資決定すればよい。企業側がその判断を気に入らなければ、別の銀行をあたればいいだけのことである。そして銀行の融資決定が間違っていたならば、融資が返ってこないということによって、その銀行が責任をかぶる。

こうして、設備投資が巨額になった時代においても、「リスク、決定、責任」の一致を可能な限り実現して、設備投資が旺盛に興ってくることを支える仕組みが信用創造システムだったと言える。

投資が興らない時代の信用創造はリスク・決定・責任が矛盾する

そう考えると、これが批判に晒されるようになった理由も説明がつく。

先進国では機械や工場などの資本の蓄積がもう十分に進んでしまっていて、今さら設備投資してもそこから新たに上がる収益の率（投資の限界効率）はとても低くなってしまっている。

それに労働人口も伸びないのだから、機械や工場を拡大してもそこに貼り付ける人がいない。

だから、設備投資が旺盛に興ることが社会にとって必然の課題ではなくなっているのだ。

そうすると、せっかく銀行が儲けのために貨幣を創れる仕組みを持っているのに、設備投資のためにお金を借りにきてくれないことになる。

そこで、この仕組みが投機のために使われることになるのである。

銀行が信用創造で貨幣を創って、それを例えば不動産投機に貸し付ける。すると貨幣が増えて不動産需要に回るのだから、不動産価格が上昇する。そうすると、不動産投機が儲かるようになって、そのための資金需要が増え、銀行はますます貸し付けを増やす。そうすると、それで増えた貨幣がまた不動産市場に流れ込み……と、このプロセスが進行してバブルが膨らんでいくことになる。

ところが、いったんバブルが弾けると、このプロセスは逆に回り、どんどん世の中の貨幣が縮小していく。すると、財やサービスへの需要もその巻き添えをくって総需要が減退し、経済は不況の底へと落ちていくことになる。

かつて設備投資が旺盛な時代にも、景気循環にリスクが連動していた側面はあった。だが、他方で、銀行が融資した個々のプロジェクトの間ではリスクが相殺されて、どれかがダメでも別のもので埋め合わせが効き、リスクは全体としては管理可能な範囲に入っていた。

しかし、投機はそうではない。個々の投資案件の間のリスクは大きく連動している。なので、儲かるときはどれも大きく儲かるが、ダメになるときは一斉に大きくダメになる。

これは個々の銀行の負える責任を超え、放置すれば倒産が相次ぐことになるが、そうすると国民経済へのダメージが大きすぎるため、結局政府が救済せざるを得なくなる。

こうやって、結局、責任をある程度国に転嫁できることは最初から読めることである。

しかも、投機の決定をしている個々のディーラーは、自分では自腹を切ることを求められることはなく、転職して高給を取り続けることもできる。それゆえ、どんどんとリスクの高い投機の決定を行ってしまうことは必然だと言える。

つまり、過去には「リスク、決定、責任」をできるだけ一致させて設備投資を興していくためのうまい仕組みだったものが、今や「リスク、決定、責任」を乖離させる仕組みになってしまったわけである。

そこで、もうこの仕組みをやめて、別のやり方に変えることが議題に上る時代になったのだと言えよう。

投資の社会化

産業が成熟し、設備投資の多くが既知の、リスクの低いものになり、無理やりリスクの高いものを掘り起こさなくていいならば、それは政府が政府通貨を創って政策銀行などを通じて融資しても、事前に民主的に定められた基準に基づいて運用可能だろう。

同時に、住宅や再生エネルギー開発や教育や介護事業などへの公共投資が政府通貨で行われる。

このように、民間銀行の信用創造を通じた投資から、政府による貨幣の創造を通じた投資へと転換することは、生産手段の私有を克服して、投資を社会化していくことを意味する。信用創造批判論のビジョンには、多くの場合、このような社会主義的な体制変革の志向が含まれていると見てとれる。

他方、これからも画期的な新商品の開発、未知の新技術の導入などは興り続けるだろうが、私見では、それは個々人が出資して、返ってこないリスクを自己責任で引き受けて支えるようになるのがよいだろう。

情報技術の発達は、これを容易にするだろう。このような個々の事業が、イノベーションが陳腐化しない間、格別に高い率の利潤を上げ続けることは、これからもあるだろうし、それは正常なことである。

しかし、経済全体としては、人口に対して資本蓄積が十分に行き着き、労働人口を全部雇った時の利潤率（自然利子率）は限りなくゼロに近づいている。マイナスだという説もある。このような時代には、マクロには民間の利潤動機に基づく貨幣創造では完全雇用を支える設備投資は興ってこない。民主的政府がつくった貨幣で、民意に従って公共目的のために投資がなされなければならないゆえんである。

以上が信用創造批判派の所論についての、筆者なりに敷衍した理由づけである。

対立の根源

さて、以上見たように、信用創造批判派の政府通貨論は、生産手段の私有に基づく資本主義経済体制を変革する社会主義的志向を持つものである。それを自覚していない論者もいると思われるが、突き詰めれば必然的にそうなる。なので、その目指すところは、もともと10年、20年で実現できるレベルの話ではない。

欧米ではニューケインジアンの発展バージョンの左派は、左派とは言ってもさすがに主流派経済学だけあって、政治志向は比較的穏健な人たちが多い。資本主義経済体制の根本的な変革までは考えていない。なので、多くの論者が信用創造の廃止のようなラジカルなプログラムに賛成しないのは当然だろうと思う。

それに対してＭＭＴは、アメリカの民主党最左派のアレクサンドリア・オカシオ＝コルテス議員が熱心な賛同者であることからもわかるとおり、もっと急進的な「左」の政治志向を持っている。そうしたＭＭＴが信用創造批判派を批判しているのであるが、そこで言われていることは、もっぱら資本主義体制を前提とした上での技術的な実現不可能性の指摘にすぎないと感じられる。当面資本主義体制に手付かずの状態で、信用創造廃止など技術的に困難が山盛りというのは、私見では、信用創造廃止派の論者たち自身も重々承知のことと思う。当面かなり長い間は、信用創造というものに対して「ケシカランもの」という否定的な価値判断を持って、支障なき程度にできるだけその抑制をしていこうという、「志向性」の意味しか、もともとないと思う。

ＭＭＴはこれをも否定するというのなら、信用創造に対して、「ケシカランもの」という批判的価値観自体を持たないのであろうか。ＭＭＴの特殊日本的な変容バージョンについて言えば、むしろ積極的に信用創造を肯定する価値観を持つ向きも根強いようである。しかし元来のMMT論者に言わせれば、そんなことはないと言うであろう。ランダル・レイのMMTの教科書にも見られるように、信用創造廃止論に対しては、「気持ちはわかるが無理だ」という言い方をするのが通例である。

私見では、そうは言うもののやはり、信用創造批判派とMMTとの間には価値観の違いが横たわっていて、それが対立の根源となっているのではないかと思う。故デヴィッド・グレーバーは、事実認識としてはMMTを承認すると言った。しかし、債務批判を生涯のモチーフとしてきた彼にとっては、価値判断としては相容れないものがあったのだろう。

価値観の違いはどこにあるのか

では信用創造批判派とMMTとの間の価値観の違いとは何か。

信用創造廃止派もMMTも、現実の貨幣が債務貨幣であるという事実認識では一致している。世の中に出回っている貨幣の大半を占める銀行預金なら、それは明白だろう。それは銀行にとっての債務であり、債権者である預金者から要求されたならば、預金を消して中央銀行券を渡さなければならない。

中央銀行が作るもっと貨幣らしい貨幣としては、準備預金がある。これもたしかに債務ではある。中央銀行が民間の銀行から預かっているという意味で、中央銀行の債務であり、民間の銀行から要求されたならば、準備預金を消して中央銀行券を渡さなければならない。

では、その中央銀行券はどうか。金本位制だった昔ならわかる。民間人が持ち込んできたら引き換えに金を渡さなければならないという意味で、中央銀行の債務である。

しかし、不換紙幣となった今日ではどうか。たしかに中央銀行の資産・負債を示す帳簿の負債側に書かれているが、それは形式の話である。中央銀行券を中央銀行に持ち込んでも、中央銀行は何も引き換えに渡す義務を負っていない。だったらこれは債務と言えるのか。

政府通貨論者に言わせれば、本当は債務ではないものを、債務のような形式をとっているところに矛盾があるのだから、そんな形式はなくしてしまえということになる。

ところがＭＭＴはこれもなお本当に債務だと言う。その理屈が、「政府の徴税債権を帳消しにするものという意味での政府の債務」という理屈である。だからこの理屈は、形式的に債務の体裁をとっているかどうかに関係なく成り立つ。金貨幣でも政府通貨でも、ＭＭＴに言わせれば「徴税債権を帳消しにするものという意味での政府の債務」になるのである。

これは、「租税が貨幣を駆動する」というＭＭＴの租税貨幣論と密接に関連はするけれども別の次元の話である。ＭＭＴ論者自身は同じことと思っているかもしれないが、それは違う。税金としてその国の通貨を払わなければならないから、それがお金として流通するという話は、税金を払うために財やサービスの対価としてその通貨を受け取ってくれる人が必ずいるという予想を端緒にして、みんなにお金として受け取られる予想が一般化するという話である。この場合なら、身も蓋もない国家権力の強制力が「人から一般に受け取られる」という予期をつくるというだけの話である。それと同じ本質は、例えば、民事訴訟や詐欺の取締りを、その国の通貨についてしか受け付けないことにするとか、賃金の支払いをその国の通貨以外は違法にするとかでも成り立つ。ただ、税金の場合は、それによって直接総需要を抑えて貨幣価値を維持する機能があるので、この効果が強くなるというだけである。

ここにあえて追加される「徴税債権を帳消しにするものという意味での政府の債務」という理屈は、債務貨幣論の論理を「ラスボス通貨」にまで押し通すためのいささか無理矢理な理屈で、多くの人には、頭の体操か頓智のように聞こえると思う。その違和感の根源を探ってみよう。

ＭＭＴの理屈の大前提

銀行預金は民間の銀行の債務である。だから銀行は、債権者である預金者がやってきて、預金をおろして中央銀行券を「取り立て」ていく事態はうれしくない。

金本位制時代の中央銀行券は中央銀行の債務である。だから中央銀行は、債権者である公衆がやってきて、中央銀行券を出して金貨を「取り立て」ていく事態はうれしくない。

無税の産油国の通貨は、輸入生活物資をその通貨と引き換えに渡さなければならないという意味で、政府の債務である。だから政府は、債権者である国民が国営商店にやってきて、通貨を出して生活物資を「取り立て」ていく事態はうれしくない。通貨はなるべく国営商店に持ち込まれずに、市中で回り続けていてくれたほうが、政府としては無から創った通貨で宮殿を建てたうえ石油代金の外貨で兵器が買えるので都合がいい。

ところが、税金のある不換銀行券の国では、中央銀行券が政府の債務だと言うのに、債権者である公衆が「取り立て」にやってくることを、債務者である政府がかえって歓迎するのである。納税のことである。政府はやっきになって納税を奨励する。債務の弁済を迫られるのならイヤがるはずではないか。これは、前提がおかしいことから導かれた背理ではないか。

この違いはどこからくるのだろうか。

銀行預金や金本位制の中央銀行券や無税国家の通貨の場合、「債権者」にとっては「取り立て」にいかないのが基準点（ベースライン）で、自由意志で「取り立て」に行くと、「債務者」側では何かいいものが減ってしまう。人が殺到するとそれはなくなってしまい、システムが崩壊する。それに対して租税貨幣国家の貨幣の場合、「債権者」はなぜか「取り立て」にいかないと罰を受けてしまう。強制的に「取り立て」に行かされるのだが、「債務者」側では、どれだけ殺到しようがそれによって「徴税債権」がなくなってしまうことはない。

一見して明らかに違うはずなのだが、これが同じことだと言うためには、ひとつの前提を必要とする。「ひとは存在しているだけで国家に納税する義務がある」ということが当然の基準点（ベースライン）になっているということである。もっと正確に言えば、納税しない場合の懲役が基準点（ベースライン）になっているという言い方もできる。無税国家のケースで国家に貨幣を持ち込んで生活物資がもらえるのと同じように、納税で国家に貨幣を持ち込むことで、懲役しなくていい権利がもらえるということである。

考えてみれば、明治時代には納税していたのは一部の富裕層だった。彼らは国家に貨幣を納めることで徴兵が免除されていた。「血税」とは当時の兵役を指す言葉だったが、まさにそのとおりで、納税しないような一般大衆が兵役についていたわけである。「懲役」と言うと奇妙に聞こえるが、「兵役」をイメージすればすっきりくる。そう考えると、「ひとはその国に生まれ落ちて存在しているだけで国家に奉仕し続ける義務がある」というのが、ＭＭＴの理屈の大前提になっているのだと言えるわけである。

このような原初的な永遠の義務が債務と言えるためには、何か各自が国家から、永久に返すことのできない原初的な恩恵を受けているという観念が必要である。

これが、「徴税債権を帳消しにするものという意味での政府の債務」という理屈の持つイデオロギーだと言える。

「納税＝財源支え合い」論の本質

このイデオロギーの性格は、ＭＭＴにも私にも共通の対抗相手である、慶應義塾大学の井手英策教授たちのような、「納税＝財源支え合い」論のイデオロギーを対比させてみればより明瞭になる。

納税＝財源支え合い論の図式では、国家は市民自身が自らの必要事をまかなうために形成する。だからこそ彼らは国債を国民の借金ととらえる。これは、共和主義的なコミュニタリアン（共同体主義）のイデオロギーだと言える。

しかしＭＭＴの図式では、国家は、公衆の外に立って公衆との間に債権債務関係を持つ他者である。だからこそ彼らは国債を国民の資産ととらえる。共和主義的なコミュニタリアンのように自分たちで常に作る国家なのではない。それは個人に先立って存在するのである。左翼なら、だから「国家」は敵であると言ってもよさそうなものである。

にもかかわらず、その他者として国民の外に立つ国家に対して、一方的奉仕の無限債務を国民が生まれながらに負っているとみなすのである。これは、井手教授たちと同じく国家共同体主義だとしても、およそ共和主義的・社会契約論的なものではない。

私には、「天皇の赤子」という言葉が思い浮かぶ。これが、信用創造批判派とは違う、ＭＭＴの本質的に持つイデオロギーである。

アメリカやオーストラリアのＭＭＴ論者は、向こうの社会の中ではかなりの左派のはずだが、どれほどこのイデオロギーを自覚しているのだろうか。封建時代の歴史を持たず、保守派と言えば自立自助の個人主義者を指す国で新自由主義と闘う分には、全くそれで支障がないだろう。

しかし、少なくとも日本にいる我々は、このことについてよく自覚しておく必要がある。向こうでは左派の経済思想であるＭＭＴが、日本では右派側の方に容易に受容されたのはゆえなしとしない。

ヘリマネを何に使うのか――私が提唱するシステム

さて、以上の信用創造批判派の問題意識をふまえ、筆者が繰り返し提唱しているシステムを、ここで解説しておこう。

統合政府は通貨を創って政府支出しており、それで民間に通貨が出すぎて総需要が総供給能力を超過してインフレが悪化しないよう、民間から購買力を奪って総需要を抑制しているのが租税の客観的機能である。

したがって、政府の収支バランスをつけること自体には意味がなく、インフレが管理できればよい。これはＭＭＴの主張としてしばしば言われるが、彼らに限らず反緊縮派には自明の議論である。

これに対して、よくＭＭＴに対する批判として、インフレになったからといって簡単に財政支出は縮小できないというものがある。ついでに言えば増税もそうである。増税の決定には多くの政治プロセスを必要とし、インフレが悪化していることを察知しても、それに対処するまでに長い時間がかかって、その間にインフレの悪化が進行してしまう。

もっともＭＭＴから言わせれば、これは的外れだろう。彼らの看板政策である「雇用保証プログラム」はこのような問題に対処するために考えられているからである。

これは、政府が公定の最低賃金で、働きたいと望む者全員を雇用するという政策である。これがとられると、不況で失業者がたくさん出ると、みなそれを雇うので政府支出が増えて総需要を拡大する。景気が好くなって、最低賃金より高い賃金の求人がたくさんできてきたら、みんな民間に移っていって政府支出が減って総需要を押し下げる。なので、景気が加熱してインフレ率が高まると、自動的に政府支出は削減されていく。

インフレ抑制効果が小さいと思えば、最低賃金を下げれば、民間に移る人が増えて政府支出の削減度合いが大きくなる。まだ十分に好況感が出ていないのに民間に移る人が多すぎるときには、逆に最低賃金を上げてやればいい。

しかし、雇用保証プログラムで雇われる人だけでそんなに大きな景気調整効果があるのか私は懐疑的である。

また、景気がよくなったら削減されてもかまわない事業というのはどんなものなのだろうと思う。公園の清掃程度ならば景気がよくなると公園が汚くなる程度ですむが、このようなものだけで景気調整ができるとは思えない（職業訓練に給料を出すというイメージを言う人もいるが）。

しかも、現実のＭＭＴの賛同者は、オカシオ＝コルテスはじめ、この理論を正当化根拠に使って、グリーンニューディールなど具体的な財政支出を実現しようとしている。

イギリスのコービン前労働党首が２０１５年に最初に党首選挙に出た時に掲げた「人民の量的緩和」は、ＭＭＴの財政学者リチャード・マーフィのアイデアだったが、それは、イングランド銀行が創った資金を政策銀行を通じてインフラ投資や住宅投資や再生可能エネルギー開発の投資などにまわそうというものだった。

これらはインフレが進行しても撤退しにくい具体的事業に使おうとしているという意味では、批判者の危惧は十分には払拭されないと言えよう。

ＭＭＴ学派に限らず、反緊縮三派のいずれにも、このような、人民のための公共的意義を持つ具体的事業に、創出した貨幣を使おうという志向は見られる（以下これを「コービノミクス」方式と呼ぼう）。

それに対して、イギリスのニューケインジアン左派のサイモン・レン＝ルイスがマーフィを批判しているように、反緊縮経済政策の提唱者の中でも、デフレを脱却しても容易に撤退できないという理由によって、これらの志向を批判する主張はある。ＭＭＴの場合は前述のとおり雇用保証プログラムという解答があるが、ニューケインジアンや信用創造批判派の場合は、「市民配当」などと称し、創出した貨幣を一律の給付金として給付することを提唱するケースが多い。

筆者はこの点でのレン＝ルイスによるマーフィ批判は正当であると感じる。しかし、せっかく無から創った資金が使えるのならば、それを人々のために役立てようという、オカシオ＝コルテスやマーフィのような志向もまた活かしたい。

ブレイディ・松尾・北田『そろそろ左派は〈経済〉を語ろう』[*3]や拙著『左翼の逆襲』[*4]などで何度も提起してきた筆者のアイデアは、以上の論争の評価をふまえ、各派の積極的主張を総合するものである。

すなわち、現在よりはるかに充実した福祉、医療、教育、子育て支援、防災、基礎研究などへの財政支出を行う制度を作る。

そして、好況時の完全雇用下においてこれらの支出の総需要拡大効果を相殺し、インフレをマイルドな目標率に留めるだけの十分な総需要減退効果があるような税制を、大企業や富裕層に今よりもはるかに負担をかける形で設計する。

景気へのプラス、インフレの抑制

しかし、不完全雇用のデフレ不況下においては、こうした総需要減退をもたらす税負担は、不況を悪化させる。そこで、デフレ不況下では、ヘリマネで企業に対して設備投資補助金や雇用補助金を出し、同様にヘリマネで居住者全員への一律の給付金を出し、税負担の効果をマクロ的に相殺することにする。

企業にとっては何もしないで重い法人税を取られっぱなしになるよりは、設備投資などをした方がましになるので、設備投資などが興ってきて景気が拡大する。

家計についても、強度な累進課税で消費性向の低い高所得者からたくさん取って、一律に給付することになるので、消費性向の高い低所得者への所得の移転になって、消費需要が拡大し、やはり景気にプラスになる。

このヘリマネは、究極の理想としては、中央銀行制度を廃止した政府通貨でなされるのが望ましいが、それが現実的でなければ、政府が国債を中央銀行に直接引き受けさせるのでもよい。

それも困難ならば、中央銀行が買いオペする一方で政府が国債を市中消化で発行するのでもよい。いずれも経済学的にはさほど違いはない。

そして、景気の拡大に合わせて、この設備投資・雇用補助金や給付金を縮小していき、物価安定目標のインフレ率を超えたときには、これを停止する。すると、その過程で、累進課税や法人税のビルトインスタビライザー（景気の変動を自動的に安定させる仕組み）の効果も加わって、大企業や富裕層への（補助金・給付金を差し引いた）ネットでの増税効果がだんだん高まり、総需要、特に設備投資需要が減退することで、インフレが抑制される。

こうして完全雇用の好況時には、低い潜在成長率に等しい資本ストックの成長率になるように、設備投資が抑制される。

この税制でその抑制効果が足りない場合にも、並行して公定預金準備率の引き上げや売りオペなどの金融引き締め策がとられるので、確実にインフレを抑制することができる。

新しい時代に沿ったシステムへ

以上が私案の概略である。ここで、不況時にとられるヘリマネ支出が、直接には設備投資補助金や給付金であるところが、レン＝ルイスの認識を踏まえている。すなわち、インフレの状況に応じて規模がコントロールできて、簡単に撤退可能である。

他方で、このデフレ不況時の構図を読み替えてみると、現行システムと比べた企業セクター、家計セクターへの増税分が、そのまま企業セクター、家計セクターに設備投資補助金や給付金として戻されて相殺されているとも読める。

そう読めば、結局のところ、中央銀行の創った貨幣で、社会保障や教育などの充実がまかなわれると読んでも、マクロ経済的には同値である。そうすればこれは、中央銀行の創った貨幣を、公共的に意義のあるものに支出するというコービノミクスの図式になっている。

それから、企業が不況のときには設備投資補助金を受け取り、好況になると利潤が増えたのに応じて高額の法人税を払うという図式は、見方を変えれば、不況のときに政府から設備投資資金を一部借りて、好況になってからそれを返す図式とマクロ経済的には同値である。

ただし、もともと補助金の形式をとっていれば、結局、好況時にも利潤が出ずに法人税を払わなかったとしても、形式上の不公平はない。

そして、信用創造批判論者の精神は、好況時において設備投資を抑制し、不況時において設備投資補助金を出すところに生かされている。この補助金によって、選挙を通じて民主的に定められたルールに基づき、社会的、環境的に望ましくない分野への投資を減らし、社会的、環境的に望ましい投資が誘導できる。このことを通じて、銀行の私的判断で投資がなされる時代から、投資が社会化される時代への移行を進めることが期待できる。

＊1　アデア・ターナー『債務、さもなくば悪魔　ヘリコプターマネーは世界を救うか？』高遠裕子訳、日経BP、2016年

＊2　松尾匡『ケインズの逆襲、ハイエクの慧眼　巨人たちは経済政策の混迷を解く鍵をすでに知っていた』PHP新書、2014年

＊3　ブレイディみかこ、松尾匡、北田暁大『そろそろ左派は〈経済〉を語ろう　レフト3・0の政治経済学』亜紀書房、2018年

＊4　松尾匡『左翼の逆襲　社会破壊に屈しないための経済学』講談社現代新書、2020年

第七章

「すべての人びと」が恩恵を受ける経済のあり方とは？

——高橋真矢

コロナ危機は、以前から存在していた不平等を可視化し加速化させたと言える。喉元過ぎれば熱さを忘れるように、危機は徐々に忘れ去られてしまう。貧困も格差も幾度となく「消費」されてきた。危機が過ぎ去ったその後にやってくるのは、新たな負債が積み増しされ、生活の資金繰りに忙殺される「長い日常」である。そういった思いを下敷きにして書かれた第七章では、過去・現在・未来の時間軸を貫く提案が投げかけられている。

松尾さんによる第八章は、まさにコロナ危機に便乗した現政権の経済政策を強く警戒し批判するものとなっている。

「ショック・ドクトリン」とは、危機や惨事に直面し人びとが茫然自失となっている状況を利用して、公教育などの公的事業を一部の民間企業の利益に誘導させる市場改革の手法である。

新自由主義の系譜に連なる現政権は、危機をチャンスと捉えて着々と改革を進めているのであり、「上流」の側につくその理念は実に一貫している。むしろ、失敗と見なされているその政策の大部分が「確信犯」として実行されている。したがって、右往左往するばかりでヴィジョンがなく、頓珍漢な失策ばかりを繰り返しているという現政権に対する批判は全く当たらない――。松尾さんはそう主張する。

今改めてマルクスが見直され、松尾さんは「反緊縮の旗手」と称されるようにもなっている。世界を「内」と「外」に分けて「内」側の味方をするのが右派（右翼）、世界を「上」と「下」に分けて「下」側の味方をするのが左派（左翼）と定義し、一貫して自らを左派に位置付け自負してきた松尾さんは、そうであるが故に、的外れな批判をする左派に対しても強く戒める姿勢を貫いているのである。（高橋）

人生の最期に人は何を後悔するか

終末期患者に対する長年の介護士経験をもとに書かれた『死ぬ瞬間の5つの後悔』[*1]という本がある。「生」のタイムリミットが残りわずかであると余命宣告を受けた人びとは、どんなことを後悔して人生の最期を迎えるのか。それは、次の5つであるという。

1　自分に正直な人生を生きればよかった

2　働きすぎなければよかった

3　思い切って自分の気持ちを伝えればよかった
4　友人と連絡を取り続ければよかった
5　幸せをあきらめなければよかった

所得から税金や保険料などを引いた純粋に自分が好きに使えるお金を可処分所得という。それで言えば、有限の人生の中で「自分（たち）の時間」＝可処分時間をどれくらい持ててきたか、有意義に使ってきたか、私たちはふと立ち止まって考えることがある。

新型コロナウイルス感染症（ＣＯＶＩＤ－19）が世界中を席巻する中、いつもよりも深く真剣に考えた人は多かったかもしれない。自宅の部屋で、あるいは病室で。

コロナ禍と特別定額給付金

感染爆発＝パンデミックとは、「すべての人びと」を意味するギリシャ語が語源になっているという。２０２０年、コロナは間違いなく「すべての人びと」にとっての災いとなった。

一方で、重篤化する恐れがあるのは、高齢者、基礎疾患を有する人、妊婦など、その影響においては均質ではなかった。

同様に、経済的危機がもたらした影響もやはり均質ではなく明暗を分けた。

以前は体調不良でもほとんど強制的に出勤しなければならなかった職場が、「無理して来てくれるな」と言わんばかりに一転して労働環境の改善に向かったケースもあるだろう。

相変わらず、職務に忙殺され続けている人もいることだろう。自宅での待機を命じられ、そのまま事実上の失職へと至った人もいるだろう。不条理な話ではあるが、危機が起こったおかげで業績も株価も上がった企業が存在することもまた事実であろう。

こうした様々な事情と背景を持つ「すべての人びと」を救済する目的で、政府によって実行されたのが「特別定額給付金」の支給であった。

漏れなく全員に10万円を支給するというシンプルな案は、緊急事態における可及的速やかな救済策として極めて妥当な対応だったと言える。基礎的な生活保障のため、そして「不要不急の労働」を控えるためにも。

全国約１億２０００万人以上に10万円ずつ配るために必要な財源は、給付金12兆７３４４億１４００万円、それに事務費１４５８億７９００万円を合わせた総額12兆８８０２億９３００万円であった（総務省発表）。

やはり多額の政府による支出は様々な懸念があったようだが、もちろん財源の心配をする必要はない。「いつものように」、ただお金を発行すればいいだけだからだ。将来世代から拝借するわけでもない。

また、インフレーションへの懸念もあったようだ。これも心配するには及ばない。現代日本は、コンビニでもスーパーでも食べ物の大量廃棄が問題になるほど生産力が余っており、過剰供給社会になっている。高く売ろうとして売れ残ってしまえば、単なる損失になるだけだ。しかも、安く売ろうとする競争相手はいくらでも存在しているのだから。

さらに、解雇や失業、休業などの大損害を考慮すれば10万円では全く足りないのは明白だ。すぐには使わず、将来のために貯金をした人もいたことだろう。

実際に、物価の高騰など全く起こりもしなかった。

「すべての人びと」が恩恵を受ける経済のあり方

私たちは子育てや介護の問題、日々の生活や老後について頭を悩ませる。生活していくには、働いて給料を得なければならず、経済活動が必要である。

そのためにはまず、ヒット商品の開発やテーマパークの建設など企業の事業拡大が必要不可欠である。そうやって経済を回すことで、政府も財源を獲得し、私たちの暮らしや福祉にも役立てられる……。

世界が危機に瀕したとき、このような経済に関するストーリーが虚構であるばかりでなく、いかに回りくどく、いかに「非効率」であるかを理解しやすくなる。

ヒット商品やテーマパークが悪いのではない。物事の順序の問題である。

利益の追求それ自体も、非難されるべきことではない。問題は、私たちの生活が企業の投資活動に依存してしまうことであり、そのうえ何に投資されるかも不透明なことである。

アメリカでは以前、住人を失った家が大量発生し、その周囲では元の住人たちがテント暮らしをするというシュールな事態が巻き起こった。いわゆるリーマンショックを引き起こしたサブプライム・ローンの焦げ付きを発端としたものだ。

企業が事業拡大をしてビルが幾つもそびえ立たないと、私たちは最低限の生活さえ送れないのだろうか。住宅が利潤を生み出す投資商品とみなされるように、生活のためには何もかもを商品化してお金に変える必要があるのだろうか。

いや、そんなはずはない。

「第一に」人びとの暮らしを安定させること。生活それ自体を起点にして経済を循環させること。基本的な生活保障さえ万全であれば、世界の何もかもをお金に変える必要性もなくなるだろう。

私たちが生活を営む上で「必要不可欠な存在」を中心に、「すべての人びと」が恩恵を受ける経済のあり方を今一度検討してみることにしよう。

3つのベーシック——新・3B政策

ベーシックスペース（BS）

住宅こそは、日々の生活の基盤であり、人生設計を立てるときの中心になる存在である。つまり、人間の一生の物語に大きく関わってくる。

住宅ローンを支払い続けながらも、単身赴任や長時間労働でほとんど自宅にいることがない。あるいは、震災や水害で被災して二重ローンになってしまったなど、そこには不条理な物語も数多く存在することだろう。

一方で、相当数の住宅が日本中で余っており、今後長期的に見ても増加傾向は止まりそうにない。

私の住んでいる地域では、空き家になっていた古い木造建築住宅を修繕し、そこを新たな店舗やイベントスペースとして再生させている人たちがいる。こういった発想が行政とも協働的に行われ、住宅にまで展開されることが望ましい。

具体的には空き家になって持ち主も管理に手を焼いているような物件を国が買い取り（地方自治体が買い取る場合は国が財政支援をして）、それを民間の管理運営に委託し、無料あるいは安価で貸し出しをするという方法があるだろう。

元々民間で提供されている住宅の家賃を直接住居人に補助する方法もあるが、家賃自体を引き上げられたら意味がない。あくまで目的は、住宅余りの日本における無条件の住宅供給であり、人びとの生活の安定である。これを基本的な住居の提供という意味で「ベーシックスペース」（BS）と呼ぶことにする。

ベーシックジョブ（BJ）

しかし、今でも既に家賃も購入価格も大幅に下落している物件は多く存在する。かつての住宅バブルの時代に高級リゾートマンションがスキー場近くに建設され、現在では驚くべき安価で提供されていたりする。しかし、そこには肝心の住む人がいない。どれほど低価格の住宅が提供されていても、周辺に「仕事」がないからだ。これは「仕事はあっても家賃が高い」東京とちょうど真逆の現象になっている。

高齢化社会に向けてバリアフリー化を推進する、災害の多い日本でインフラを強化するなど、必要ではあるが追いついていない事業がまだまだ存在する。あるいは看護師や介護士の給料を民間よりも高めに設定して公務員として雇用するなども、そうである。

公共投資をしても、地元の業者は下請けの、そのまた下請けの……となり、利益の大部分は「東京の本社」が持っていく構造では意味がない。あるいは、企業が報酬の大部分を内部に蓄積させてしまっても意味がない。仕事の報酬は、働く人にダイレクトに還元されなければならない。

そこで、行政が直接的に人びとの暮らしの基礎となる雇用を提供、または保障することが必要となる。これを「ベーシックジョブ」（ＢＪ）と呼ぶことにする。

ベーシックインカム（ＢＩ）

コロナ禍において一律平等に支給された「特別定額給付金」が、恒久的に毎月個人単位で支給されるとどうなるか。これは「ベーシックインカム」（ＢＩ）と呼称されるものとなるだろう。

ベーシックインカムとは、ある決められた範囲のメンバー全員に定額のお金を毎月個人単位で給付する制度である。労働をしているか否か、障害を抱えているか否か、結婚をしているか否かは、給付条件として問われない。そう、無条件給付なのである。

ベーシックインカムは既に世界各地で、期間と人数を限定して実験が行われている。メンタルヘルスの改善、学業に専念できる、家族との時間が取れるなど良好な結果報告が聞こえてくるが、完全な実現にはどの国も至っていない。

給付額も特に定まっていないが、完全ベーシックインカム＝「生活するに足りうる金額」、部分ベーシックインカム＝「生活補助金」、という二つのタイプに分類することはできる。社会の急激な変化と混乱を避けるためには、「生活補助金」として導入を図った方が現実的ではある。

いずれにせよ、誰一人欠けることなくすべての人びとに給付を保障する制度であるということは確かである。

日本では他国と比べて、失業と自殺が強く結びついている国である。[*2] 特に生活保護受給者やホームレスを見下していた人などは、収入も所属先も失ってどんなに苦境に陥っても、国の助けを受けることを拒むだろう。役所へ申請を受けるために足を運ばないだろう。

ベーシックインカムならば「恥の意識」を免れやすい。「みんなもらっている」からだ。つまり、給付に「漏れがないこと」が決定的に重要なのである。

しかし、高額所得者層や資産家に対しても一律平等に給付をするのは、不平等であるという意見もある。パーセンテージだけを見れば消費税は一律平等であるが、それ故に逆進性が高くなってしまうのと同じである。私はベーシックインカムに関係なく、富の独占を防止するという意味において、現状でも累進課税の強化はするべきだと考えている。

加えて、もう一つ。

ベーシックインカムとは「給付金を受け取る代わりに労働を禁止する」制度ではないということ。

例えばベーシックインカムを元手に単独、あるいは複数人で資金を貯め、それを民間のスモールビジネス、小さな起業などに繋げることもできる。生活のために売りたくもないものを売り、意に反した営業活動をしていた人が、そこから撤退して自分の道を切り開いていく。そのような挑戦をベーシックインカムは後押しするだろう。銀行に借金を背負う必要もない。

さらには、自営業や商店街が息を吹き返し、地産地消・内需拡大が促進される可能性をも秘めている。

事業継続を支援する「持続化給付金」、家賃負担を軽減する「家賃支援給付金」。これら中小企業や個人事業者を対象にした「給付金」による支援策は、融資という名の「借金」を作らせるよりも遥かに良心的である。一方で、申請には膨大な書類の用意と事務手続きが待っており、また受理され審査され給付されるまでに長い待ち時間を要する。給付まで到達できなかった事業者もいたことだろう。

さらには、情報が届いていないばかりに本来であれば受けられるはずの給付が無駄になっているケースもあるだろう。例えば文化庁は「文化芸術活動の継続支援事業」として約500億円の予算を計上し、音楽・美術・演劇・ダンスなどに携わるアーティストやフリーランスを対象とした支援策を打ち出している。しかし、第1次募集の時点において予算額の2割にも満たない申請数しかなく、2020年11月時点では第4次募集を呼び掛けている。「対象を限定した事細かな支援」は必要不可欠であるが、心理的なハードル／手続きのハードル／情報のハードルなどが幾重にも重なり、届かないケースが続発してしまう。

誰に対しても最低限の「無条件給付」や「無条件住居」が約束されていることが、緊急時においても究極のセーフティネットとなり得るのだ。そのうえで各個別の境遇に対する支援を拡充させるという「二段階の備え」こそ、新しい社会保障や経済のあり方に期待されるところである。そしてそれらが潤沢な「需要」を創出し、労働者の高付加価値化に繋げることも可能となるのである。

市場（しじょう）の隆盛と市場（いちば）の没落

「経済」の成長と「生活」の向上とがリンクしなくなって久しい。

私たちは、日常においても非常事態においても、生活必需品をコンビニやスーパーに依存している。しかし、そこで働く人の多くは賃金の低い非正規労働者である。あるいは、シフトの穴を埋めるために時間外労働が常態化している社員である。

富の偏在が拡大して経済循環が停滞する状況に陥ると、「そこそこ働いてそこそこ稼ぐ」といったような中庸モデルは、もはや成立しにくくなってしまう。指揮命令権は上層部や中央本部に独占され、現場の自律的判断が著しく規制される。

それはまさにチェーン展開・フランチャイズ展開が全国に拡大しようとも、現場で働く人の待遇は一向に良くならずに、店舗数だけが増殖していくようなものだ。

コンビニはここ30年間で店舗数を10倍も増加させてきた。[*3] その間、自営業者数はその家族従業者数も含めると、約１４００万人から約７００万人へと「半減」している。[*4]

コンビニの店舗数拡大は、規制逃れをその歴史の出発点としている。かつて地元で営まれていた中小の小売店は、大手各社が仕掛けた大型スーパー出店ラッシュによって、軒並み廃業に追い込まれていった。

そこで大型店の出店規制をするために、政府は大規模小売店舗法（大店法）を施行させた。規制の対象となったのは店舗面積の規模だったが、規制への対抗策として打ち出されたのが、「面積の拡大」から「店舗数の拡大」という戦略だったのだ。

他方で、大店法自体も平成元年（１９８９年）からスタートした日米構造協議でアメリカ側から「規制緩和」を強く求められたうえ、同年からの消費税導入、あるいは車社会の進展などによって、自営業者や商店街組合は完全に劣勢を強いられてしまった。

長い間、家族経営の小さな酒屋を地元で営んでいた人びとが、コンビニやショッピングモールで「再雇用」されて同じように酒を売るようになったとしても、その文脈は明らかに違ってくるだろう。

地域の小さな商いは、営業時間や定休日、働き方、地域住民との人間関係など自律的・自主的に店舗ごとの運営がなされてきた。自営業者の中には、世間話が好きな人や職人気質の無口で偏屈な人もいるだろう。

そういった風景は、本部が管轄するスケジュール管理と接客マニュアルに置き換わっていったのだ。様々な顔を持った人間は「労働者」へと一元化され、さらには正規労働者／非正規労働者という選別が待っていた。

自営業者の没落に限らず、人びとを土地や文脈や固有の関係性から切り離し、工場やオフィスに投入して効率的な管理を施すのが、時間を切り売りさせる非人格な市場（しじょう）の意図してきたことである。市場（いちば）は「固有の場所」を指し示すが、市場（しじょう）は資本の力で「空間」さえ獲得してしまえば成立する。

資本は「固有の場所」を無機質な「空間」に変え、人間を顔なき労働者に変える。生業と生活の基盤を奪われ、飢えを恐れる者は新たな所属先に隷属するしかなくなるだろう。やがて労働者にとっても、その「かりそめの所属先」は「本来の居場所」であるかのような倒錯が起こっていったのだ。

見えなくなってしまう人びと

政府による人びとへの生活保障に対して拒否反応が生まれる要因の一つは、労働者から「飢えへの恐怖」が喪失すると困る者がいるからである。

日本では逆進性の高い消費税が２０１９年10月度に10％へと増税された。社会保険料も年々増加している。しかし、人口縮小社会において労働力を確保するには、一面において理にかなっている。税や保険料を徴収することは可処分所得の減少をもたらす。これは単純に「もっと働く必要がある」という状態を多くの人びとにもたらす。介護労働者の給料など上げる必要もない。これが一億総活躍社会と呼ばれるものだ（もちろん賛成しているわけではない）。

コロナは、経済を変えたというよりも、ずっと以前から進行していた事態の早回しである。どんなに困窮していても、どんなに重労働でも、普段は空気のように見えなくなってしまっている人びとがいる。それでも、緊急事態においては悲劇の共有者として少しは連帯感覚が向けられる。けれども、不平等という日常が回帰すれば、また見えなくなってしまうのだ。「すべての人びと」が飢えから解放され、固有の場所から剥奪されず、それぞれの「本拠地に留まる（stay home）」生活を可能にすること。

さもなくば、政府の財政は心配したところで破綻しないが、多くの人びとの生活破綻は今後も免れないだろう。

＊1　ブロニー・ウェア『死ぬ瞬間の5つの後悔』仁木めぐみ訳、新潮社、２０１２年

＊2　「不況・失業と自殺の関係についての一考察」（『日本労働研究雑誌』澤田康幸・崔允禎・菅野早紀、２０１０年、52(5): 58–66.）
https://www.jil.go.jp/institute/zassi/backnumber/2010/05/pdf/058-066.pdf

＊3　日本フランチャイズチェーン協会公表

＊4　総務省統計局「国勢調査就業状態等基本集計結果」（１９８５／２０１５）

第八章

淘汰と緊縮へのコロナショックドクトリン——松尾匡

政府を「愚か者」と描くのはやめよう

この国の左派・リベラル派には、自民党政府や財界を、小手先の策ばかりにあたふたする愚か者と描き出すのを好む癖があるように思う。私たちは意識的にこの癖を克服するよう努めていかないといけない。

少なくとも、迎え撃つ側としては、相手を最大限合理的で、持てる力をすべて使って自分たちの支配する資本主義体制の再生産の持続を図る、極めて有能な（しかも血も涙もない）存在であると前提して対抗策を考えないといけない。そういう姿勢がないから負けてきた側面があると思う。

安倍政権のときも、改憲議席獲得のために好景気を実現する作戦で攻めてくることを私は最初から警告し、実際ある程度それに成功したことが内閣・自民党の高支持率と選挙勝利の原因であることを示してきたが、その結果は、同じ陣営の人たちから敵の手先扱いされて尋常でない憎悪を向けられる始末となった。敵を弱点だらけの愚か者扱いしないと敵の味方と思われるのだ。戦時中の戦争指導者の体質を今なお我が陣営も受け継いでいる気すらする。

これが菅政権になってからというもの、輪をかけてひどくなっているように思う。左派・

リベラル派論客の描く菅首相と言えば、中身がなく、国家像を持たず、場当たり的な愚策を繰り返す無能者というのが通り相場になってしまった。敵の支持率を落とすための有権者向けの宣伝とわかってやっているのなら、それでもよい。しかし活動家層に向けてもそんなことを言っては困る。ましてや自分もそう信じ込んでいるなら絶望的である。

菅首相を揶揄する呼び方はいろいろ生まれたが、唯一あたっているのは「スガーリン」だと思う。そう。居並ぶ政敵を次々追い落とし、何百万人もの命を軽々と犠牲にして独裁工業大国ソ連を築いた、世界史上最大級の狡智者スターリンのもじりである。スターリンもまた、口下手で表に出ず、誰からも侮られていたのだが、裏で執念深く人事を操縦して組織を締め上げる能力に優れ、政敵たちはみな気がついたら負けてしまっていたのだ。

菅首相は支配層の利益を骨の髄まで体現した人物で、以下で見るそのビジョンを鉄の意志で貫こうとしていると見るべきである。これを侮ることは犯罪的である。しかしこんなことを言うと、また「松尾は『菅首相をばかにするな』と擁護していた」などとツイッターに流されて叩かれるにちがいない。

日本の支配層の基本路線

菅政権発足直後に脱稿した拙著『左翼の逆襲』（前掲）では、コロナ禍をチャンスとして、中小個人事業の淘汰を推進しようとする動きがすでに安倍政権下で見られ、菅政権で本格化しようとしていることを示した。そこでは、その路線はこのかんの支配階級の基本戦略の一環なのだということも示した。

まず拙著に説明した日本の支配層の基本路線をまとめておこう。

財界にとって、人口減少時代に入った日本は、労働力も大衆消費財市場も、将来性が見限られている。大衆的な消費財やそのための生産手段の生産は、日本は「比較優位」を失ったとされ、国内での生産をやめて海外、特に、成長著しい新興国で生産し、海外で儲ける時代だとされている。そのために旧来型の生産は淘汰してしまい、国内の労働資源は、一部は「生産性の高い」とされる部門の高付加価値労働に、他の圧倒的多数は、輸入するわけにはいかないサービス産業の非正規低賃金労働にふりわけることになる。

高付加価値部門は、ひとつはたとえば「デジタル化」関連のハイテク産業の、開発やデザインの部門などである。こちらは「高プロ」で残業代を出さずにこき使って国際競争力をつける。もうひとつは、格差社会に対応した内外の富裕層向けの高級ビジネスである。

他方の国内に残るサービス業の低賃金労働者は、もっと低賃金の国の製品が円高で激安になって輸入されてくるので、低賃金でも食べさせていける。それには都合のいいことに、海外からの利潤送金が今後も着実に増加していくので、長期的に円高圧力がかかりつづける。円高が進めばますます国内での生産が困難になり、淘汰と海外移転はさらに進むだろう。

企業の進出先としては近年東南アジアが急増している。そこでアメリカが入らないＴＰＰで先進国として突出した「御山の大将」になって、ＩＳＤＳ（投資家対国家の紛争解決）条項で進出企業を守るというわけである。実際、前記拙著で示したとおり、内閣府ホームページでは、ＩＳＤＳ条項は進出日本企業にとって武器になると堂々と書いている。勘ぐれば、究極には実力で「日本人の生命財産を守る」と称して進出企業を危険から守るのが、自衛隊の海外派兵の目標だろう。

もしこれが勘ぐりすぎだとしても、たいがいは低賃金で搾取しに進出するわけだから、暴力的な労働紛争やテロリストの占領に広範囲で見舞われるケースも出るだろう。そうすると、自然の成り行きで、世論の求めに押されて自衛隊を派兵する流れができてしまうだろう。

要は、新たな「大東亜共栄圏」である。ドイツにとってのＥＵ同様、対米従属下でも相対的に自立した地域帝国主義体制の形成である。

支配層にとってコロナ禍は最大のチャンス

ただし、共通通貨圏を支配するドイツと異なり、この体制は海外進出企業の激安製品の逆輸入で成り立つので、円高が鍵となる。大衆生活物資を輸入に頼りながら円安になると、生計費がかさむので低賃金で社会の安定を維持することができないからである。

円暴落など元来あり得ないが、政府債務がどんどん増えるのを日銀が買って金利を抑えていたならば、彼らの望む円高が十分実現できないおそれはたしかにある。なので政府債務を抑えるために、財政緊縮と大衆増税を行う。

おまけに社会サービスを削減すれば、民間ビジネスが代わりを供給して儲けられる。公務員を削減すれば、人材派遣会社が非正規職員を派遣したり、委託を請け負って、中抜きして下請けに出して儲ける民間企業も現れたりする。それに、緊縮で景気が停滞して失業者が維持され、公的セイフティーネットがケチられて、失職のコストが高まると、労働者の交渉力は弱まって資本の理不尽に屈服せざるを得なくなる。なるほど彼らは財政危機論を煽り立てるわけである。

特に、消費税は、十分に円高になれば輸入生活物資の価格が下がるので、多少もっと税率を上げても大衆を生かしていけることになる。しかも消費税は、それ自体が中小個人事業を淘汰する手段になる。中小個人事業にとって経済が停滞する中で消費税の転嫁などできるはずがない。「生産性が低い」とされる業態を淘汰して、一部の富裕層向け業者以外は、スケールメリットのある全国チェーンにしてしまって、激安輸入品を低賃金非正規労働で売って、割高な地場の業者のものを買わなくても大衆が生きていけるようにするのだ。

そして、緊縮した財政は、「ワイズスペンディング（賢い支出）」の名の下に、「生産性を高める」とされる分野に集中的に支出するべきだとされる。当然、その逆に「生産性の低い」とされる分野を支援するための支出はカットして、淘汰されるにまかせることになる。財政規律論はそのときにも絶好の口実となる。

コロナ禍は、以上のような支配層の路線にとって、千載一遇のチャンスである。中小個人事業淘汰は、四半世紀前から言われていることであるが、政治家が票を気にすると十分に進めることができなかった。一部官僚にも抵抗があっただろう。今、ショックドクトリンとしてこれに便乗して実現するのでなければ、こんなチャンスは二度とめぐってこないかもしれない。だから今不退転の意志でこれを進めることが支配層の核心的利益となる。

時系列で見るコロナショックドクトリン

では、コロナショック以降の、中小個人事業淘汰に向けた動きを、時系列的に振り返ってみよう。するとこの支配層の基本路線にそった対応が、一貫して追求されていることがわかる。

3月17日　東京財団政策研究所の「【経済学者による緊急提言】新型コロナウイルス対策をどのように進めるか?　─株価対策、生活支援の給付・融資、社会のオンライン化による感染抑止─」発表。発起人:小林慶一郎、佐藤主光。チャーター賛同者に土居丈朗、池尾和人、伊藤元重ら。

これで、このあとの路線の基本線が明瞭に打ち出された。すなわち、

・財政支出は生産性を高める分野（特に「デジタル化」）に。
・給付支援は極力的を絞り、需要拡大策とは位置づけない（消費減税否定）。
・支援は融資中心。
・「新陳代謝」を高めるために中小企業への安楽死支援等。いわく、「中小企業へ支援するのはややもすれば過度な保護になり、新陳代謝を損ないかねない」。

4月某日　自民党の安藤裕議員が自党幹部に粗利補償しないと企業が潰れると訴えると「これでもたない会社は潰すから」と言われたと証言。

5月3日　自民党逢沢一郎議員ツイート。「ゾンビ企業は市場から退場です」

5月12日　新型コロナ対応のための「基本的対処方針等諮問委員会」に、経済学者を加えることになり、東京財団提言の発起人の小林慶一郎ほか四人の起用が決まる。四人とも財政規律派とみられる。

7月17日　日経報道。「中小企業減容認へ転換。政府、社数維持の目標見直し。新陳代謝促し生産性向上」。政府の例年の成長戦略から、これまで掲げられてきた中小企業社数維持の目標を放棄する。政府関係者の言として「廃業の増加を認める方針への転換」とのこと。

9月6日　日経報道。自民党総裁に立候補した菅官房長官（当時）が、中小企業の統合・再編を促進すると表明。そのために中小企業基本法を見直すとのこと。

これは、デービッド・アトキンソンの持論の一つである。アトキンソンは、日本の生産性が低いのは小規模な企業が多すぎるせいだとして、３６０万社弱ある中小企業を、２００万社弱に統廃合することを主張している。その際、中小企業基本法が、その妨げになっている「諸悪の根源」だとしている。

菅は、２０１３年からアトキンソンと親交があり、経産省幹部の表現では「アトキンソン信者」だとされる。彼は、２０１９年に、海外の富裕層が宿泊するような高級ホテルを国の支援で50カ所開発していくと表明したことがある。これもアトキンソンの主張である。「地方の良質な雇用」を増やす賢い投資になると言っている。

9月8日　菅官房長官が自民党立会演説会で最低賃金の全国的引き上げを主張。

かねてからの菅の持論であるが、これも元来アトキンソンの持論である。これは、最低賃金引き上げによる中小企業淘汰策であり、通常、最低賃金引き上げ論者がセットで主張している中小企業支援策は言わない。

9月16日　菅義偉首相就任。
9月18日　菅首相、竹中平蔵と懇談との報道。「小泉内閣の総務相だった竹中氏を副大臣として支えた」昵懇とされている。
10月15日　新設の「成長戦略会議」メンバーに、アトキンソン、竹中ら。16日に初会合。
10月17日　中曽根康弘内閣・自民党合同葬。後述の菅首相弔辞。
10月20日　菅首相から梶山弘志経済産業大臣に対して、中小企業の再編促進の指示があったと報道。
10月22日　中小企業基本法見直しに向けた検討に着手すると報道。
10月26日　財政制度等審議会歳出改革部会で中小企業政策を審議。「企業の新陳代謝を促進すべきだ」との意見が相次ぎ、新型コロナ禍での中小企業を支援する給付金について、２０２１年１月までの予定通り終了すべきだとの声が大勢を占めたと報道。「期限をずるずると先延ばしすると、本来はよりよく新陳代謝が促される機会が奪われてしまう」と土居丈朗部会長代理。なお、同審議会メンバーには、ほかに東京財団提言の発起人の佐藤主光、チャーター賛同者の池尾和人ら。土居も同提言のチャーター賛同者である。会議では「事業が振るわない企業の長い延命に懸念する」「人材の流動化やＭ＆Ａ（合併・買収）が阻害され、経済成長につながらない」などの意見が出されたとのこと。

11月９日　経済財政諮問会議。

ここでの、財界代表の新浪剛史サントリーホールディングス社長（経団連審議委員会副議長）の報告における雇用調整助成金打ち切りを求める次の言葉に、財界の意志が端的に現れている。

「雇用調整助成金により雇用維持を図ることで成長分野への労働力の供給が滞れば、生産性の向上に大きくマイナス。成長分野の代表は、まさに政権を挙げて進めているデジタル関連産業であり、ここに必要な人材を供給できなければ成長の大きな足枷となってしまう」

成長分野には、「デジタル」と「グリーン」が挙げられているのだが、その「グリーン」の方で、環境の観点からどの分野を残すかの産業構造転換の基準を、ヨーロッパに作られてしまうことへの強い危機感をあげている。「ここで主導権を握られると日本企業の競争力に大きなマイナスの影響を与えるおそれ」と表現している。

11月25日　財政制度等審議会が麻生財務大臣に「令和3年度予算の編成等に関する建議」を提出。起草者は、またも土居丈郎慶應義塾大学教授。委員には前述の人びとのほか、臨時委員に小林慶一郎東京財団政策研究所研究主幹らお馴染みのメンバー。持続化給付金などの支援策について、「こうした政府の一時的かつ非常時の支援を継続し、常態化させれば、政府の支援への依存を招き、産業構造の変革や新陳代謝の遅れ、モラルハザードを通じて今後の成長の足かせとなりかねない」「今後は、単なる給付金や一律の『つなぎ』的な措置といった支援から、ウィズコロナ・ポストコロナを見据えた経済の構造変化への対応や生産性の向上に前向きに取り組む主体の支援へと軸足を移していき、未来に向けた日本経済の成長力の強化につなげていくべきである」としている。

ここでは、日本の生産性が低いとして産業構造の転換とそれにともなう労働移動の円滑化という、あいも変わらぬ小泉「構造改革」流の供給サイドの処方箋を掲げ、特に、中小企業政策については、企業規模が小さいことを労働生産性が低い原因にあげ、「規制・制度改革、企業慣行等の見直し」を提唱する一方で、「財政支出を増やせば、持続的な経済成長が起きるといった単純な話ではない」と総需要拡大政策の意義を否定している。そして、「財政支出が必要な場合には、真に経済の自律的成長に寄与する効果的・効率的な支出となるよう、ＫＰＩ（重要業績評価指標）等の指標も用いながら、選択と集中・ワイズスペンディングの考え方をこれまで以上に徹底すべきである」としている。

具体的予算編成の課題の中では、「真に生産性向上に資する効果的な施策・予算となるよう、予算を重点化するとともに、成長力強化のためにグリーン化・デジタル化・ＤＸ（デジタル化による企業組織の転換）等に対応する一方、構造変化に対応していない既存施策を大胆に見直し、スクラップ・アンド・ビルドを徹底する」として、中小企業の生産性向上のために、「新陳代謝の促進、補助金の対象の見直し」を掲げ、「雇用調整助成金の特例措置の見直し」を含む「円滑な労働移動の支援」を提言する。

ちなみに、マクロ経済運営に関しては、旧態依然たるプライマリーバランス黒字化目標を掲げて「現在の異例の金融緩和政策を所与の前提として、財政規律が失われた形で節度のない国債発行を行うようなことはあってはならない」として、目下のような大不況下においてなおも、「現時点の経済の落ち込みを全て公需で埋めるべきといった議論や、公需主体で経済を支え続けなければ今より経済が落ち込むといった誤解を招く議論は適当ではない」と言う。

11月26日　菅内閣発足時からの看板政策「デジタル庁」設置が、翌年9月1日発足と決定する。異例のスピード。東京財団提言に見られた、資源配分を生産性上昇に資する部門に集中させることを志向し、具体的にはデジタル化をあげる発想そのままである。

12月3日　日経報道。中小企業の買収・合併を促進するための税制案が固まる。「生産性向上」に資すると認可されたら優遇される仕組みである。

12月21日　２０２０年度第三次補正予算と一体の２０２１年度予算案閣議決定。持続化給付金は1月15日に申請打ち切り、家賃支援給付金も打ち切られる見込み（感染拡大の中で、打ち切り当日にひと月延期された）。雇用調整助成金の特例措置も3月以降縮小される。

打ち切られる支援措置の代替策として、中小企業・小規模事業者への「事業再構築補助金」が創設されることになったが、これは、「新規事業分への進出、新分野への展開、業態転換、事業再編といった思い切った挑戦を支援する」ものとされていて、事業計画を出させて審査するもの。内容は、規模拡大・「生産性」上昇、グローバル展開の方向のものを選抜支援する仕組みで、ウォールストリートジャーナルからは、「これはアトキンソン氏のアドバイスの直接的成果だ」と評されている。

淘汰の手段としてのコロナ

以上振り返ってはっきりわかるように、繰り返し同じことが語られている。いわく、日本経済は生産性が低い。それは規模の小さい中小事業体が多いせいだ。コロナ支援策でそれらが漫然と延命されているのはよくないので、早く打ち切って「新陳代謝」を促せ。政府支出は、デジタル化（と「グリーン」成長）など、生産性を高めるものに集中しろ。中小企業支援も、生産性を高めるものに特化しろ。

――要するに、中小個人事業はコロナ禍で淘汰されるにまかせて、吸収合併などで大規模化を進め、富裕層向け高付加価値ビジネスや、ハイテクでグローバル展開したところだけ生き残らせてやろうというわけである。地域に根ざして営業し、薄利で地域経済・地域のコミュニティを支えている零細な事業が、コロナ禍を生き延びて持続できるように支えるという発想は皆無である。

今この原稿を書いているのは、一両日中に南関東に緊急事態宣言が再発令されると報道されているときである。そんな状況で本当に持続化給付金や家賃支援補助が打ち切られるのか信じがたいのだが、現在のところ特に延長のニュースは入ってこない（前述した通り、打ち切り当日にひと月延ばされた）。ここまではっきりと延長ダメ出しをされ続け、規定路線化している以上、延長しなくていいように、政府側がなんとか緊急事態宣言を回避しようと模索したのも合点がいくことだし、いざ発令されても支援打ち切りスケジュールに影響しないような内容になるように努めるだろう。

緊急事態宣言が出ようが出まいが、もともと感染流行の第三波が高まっている中で、やっと生き延びてきた業者も再び危機に見舞われそうなときである。一連の支援策が打ち切られてどれだけが耐えられるだろうか。12月30日の日経の記事によれば、これまで民間金融機関を使ったコロナ関連融資により、11月までに総額44兆円の融資がなされ、企業倒産を比較的低水準に抑えてきたが、今や金融機関の対応は、「『とにかく貸す』という初期対応から『業態転換や廃業も選択肢』という選別の段階に入りつつある」とされている。

おまけに、コロナショック以降は円高が進行した。アメリカなどと比べてお金の出し方が見劣りすることの現れである。これは、輸出の困難化、国産品と競合する輸入品の増加、インバウンド回復の遅れなどで、農家や中小企業に一層の困難を強いる一方で、安価な輸入品を大量販売する全国チェーン店などを有利にする。淘汰と海外移転が一層進むことだろう。

そもそも消費税が10%に引き上げられたあと、コロナショックの前から、人々の所得が少ない中で、売値への転嫁はまともになされていなかった。しかし消費税は赤字でも払わなければならない。コロナがこなくても、多くの事業者が廃業に追い込まれていたことは確実で、消費増税自体、中小事業者の淘汰という支配層の路線を遂行する手段だったことがわかる。

このまま消費税納付の時期を迎えたらどうなるだろうか。

また、「Ｇｏ　Ｔｏ　トラベル」事業も、普段泊まれない富裕層向けの高級ホテルに泊まった方が割引額が大きくなって得なので、高級ホテル優遇策となった。普段から低所得者向けの安いホテルは、ただでさえ客が減ったときにそれとの競合を余儀なくされ、結果としてこれも淘汰の手段として機能した。

中小個人事業を淘汰する支配層の基本路線は、目下のところ容赦なく驀進していると言ってよい。

「サッチャー主義者」が考えていること

特にここで、菅首相の一番のブレーンのアトキンソンの諸論を少々紹介しておこう。というのも、彼は日本のリベラル派になぜか人気が高かったからである。今でも、菅が自分の都合のいいことにアトキンソンを利用しているだけと擁護する見解も聞こえる。

アトキンソンは２０１６年に、「『１人あたり』は最低な日本経済の悲しい現実」[*1]と題する「東洋経済オンライン」の論考の中で、自分が中学生時代に経験したサッチャー改革を礼賛する文章を書いている。

あの時代、まさか今のイギリスのように「欧州第2位」の経済に復活できるとは、ほとんどのイギリス人をはじめ、世界の誰も思っていませんでした。それほどサッチャー首相が断行した改革はすごかったのです。

これは、別にイギリス人のお国自慢ではありません。かつて「イギリス病」と言われ、世界から「衰退していく先進国」の代表だと思われたイギリスでも、「やらなくてはいけないことをやる」という改革を断行したことで、よみがえることができたという歴史的事実を知っていただきたいのです。

サッチャー改革の結果、イギリスの製造業は空洞化して衰退した。代わりに金融業が盛え、付加価値生産性は上がったが、古くからの金融機関の多くが外資に買収された。格差と貧困化が進み、庶民の住む社会は壊れてしまった。

それが今どんな状況にあるかを知りたければ、イギリス在住のライター、ブレイディみかこの一連の著作を読んでみればよい。最新のものは、講談社から出た『ブロークン・ブリテンに聞け[*2]』である。アトキンソンが考える「やらなくてはいけないことをやる」とどんな絶望的な世の中になるかが描写されている。

コロナ禍の中でも、アトキンソンは「コロナ禍で自然災害が起きれば、日本の財政は未曽有の危機に[*3]」と題する『WEB Voice』の論考の中で、政府の対策費の「真水」が少ないことは、財政状況が厳しいからやむを得ないとした上で、「政府による企業支援策の対象が、生産性の低い小規模事業者に偏っている」と批判している。また、「慢性的な赤字企業は、ただの寄生虫」と題する『プレジデント』の論考で、「小規模事業者に補助金を出す必要はない」「コロナ危機が日本最後のチャンスだ」と語ってもいる。

すなわち、「新自由主義とはこれだ」というのがアトキンソンの見解だと言える。

「骨の髄まで新自由主義者」日本の支配層が描く未来

そして菅首相は、たまたまアトキンソンや竹中と出会いがあったから登用したというレベルのものではない。サッチャーは庶民の自営業者出身の叩き上げだったからこそ、「自助」ファーストの哲学を信奉して、弱者に無慈悲を貫くことができた。庶民の自営農家出身で叩き上げた菅首相も似た境遇である。同じ境遇だから同じ体質になるとは全くかぎらないが、はたせるかな菅首相の場合は同じ体質を持ったと言えよう。そんな彼の眼鏡に適ったからこそ、アトキンソンも竹中も昵懇になったのである。

前述のとおり、菅首相就任後間もない10月17日、中曽根康弘元首相の、内閣・自民党合同葬が行われた。国費を９０００万円も費やしたことについて批判が起こったことは当然であるが、それだけの問題ではない。

このときの菅首相の弔辞は、中曽根が首相に就任したときの情勢について、「東西の軍事的対立や世界経済の低迷、貿易摩擦の顕在化など、世界の荒波が我が国に打ち寄せていた時代」「急速な高齢化が進むなど、社会構造の大きな変化に伴う新たな困難に直面」と表現し、聞いている者が誰でも、現在の日本のことを言っていると思いつくものであった。

そして、中曽根元首相は、日本の支配層にとって重要なことをたくさんしたはずなのだが、外交については抽象的な美辞麗句で流しつつ、内政については国鉄、電電公社、専売公社を民営化したことと、「経費の徹底的な節減合理化と財政の健全化を強力に推し進め」たことという、新自由主義的な功績だけを、しかも詳しく述べて、「先生が推し進められた改革の精神を受け継ぎ、国政に全力を傾けることをお誓い申し上げて、お別れの言葉といたします」という決意表明で締めたのである。

つまり、この合同葬は、体制の中枢メンバーを集めて、故人の遺志を継ぐという形で新自由主義改革に向けての意思統一を図る「決起集会」のようなものであったと言える。

雨の中両サイドに直立する衛兵の長い列の間、道路の真ん中を進む車で持ち込まれた遺骨に向かって決意表明する菅首相を思い浮かべると、やはり、「スガーリン」という揶揄こそがふさわしいと思いつく。スターリンはレーニンの葬儀を取り仕切って、その個人崇拝に手を染め、自分を後継者と印象づけて、誓いの儀式のような告別演説で、都合よく作り上げた故人の遺志を自分の目的のために利用したではないか。

だから、菅首相を指して「中身がない」とか「国家像がない」とかいう評ほど的外れなものはない。彼は骨の髄までの新自由主義者で、日本の支配層に共有される未来像の実現のために、不退転の決意で、帝国主義へ至る淘汰の道を推し進めようとしているのだ。

＊1　「『1人あたり』は最低な日本経済の悲しい現実　日本の生産性は、先進国でいちばん低い」デービッド・アトキンソン、２０１６年12月9日、東洋経済オンライン
https://toyokeizai.net/articles/-/148121

＊２　ブレイディみかこ『ブロークン・ブリテンに聞け』講談社、２０２０年

＊３　デービッド・アトキンソン「アトキンソン『コロナ禍で自然災害が起きれば、日本の財政は未曾有の危機に』web Voice、２０２０年７月９日
https://shuchi.php.co.jp/voice/detail/7751

第九章

「選択の自由」の罠からの解放——高橋真矢

本書ではここまで、新しい経済のあり方や仕組みについて模索してきた。私たちの各論について、賛成や批判など読者にとっても様々な見解があるに違いない。ただ、仮にパーフェクトな経済政策や制度論があったとしても、実現の過程で「ある限界」にぶち当たると私は考えている。

それは動機づけの次元において、故障が生じているからである。

進む民営化、止まらぬ独占

まず、政府が支出をすること自体に大きな「アレルギー反応」が起こる。

例えばここ何年も、いや何十年もの間、民営化は素晴らしいという風潮のもとで、私たちは自らユニバーサル・サービス（誰もが受けられる公共サービス）を縮小させてきた。本来であれば平等で普遍的な恩恵を、民間企業の私的な利益に変えてきたのだ。

民営化とは、要は「株式会社化」である。水道事業にしても鉄道事業にしても、水質維持や安全対策など直接は利益に繋がらない経費が必要である。株式会社の場合は、それに加えて株主への配当も実質的に必要経費として確保しておかねばならない。さらに、大規模な事業はいったん運営権さえ獲得すれば後は競争が起こらず独占状態となるのが通例である。健康や安全よりも株主利益が優先され、料金の値上げがあっても、私たちは他の企業を選び直すことはできない。

水道も鉄道も誰もが使うサービスなので、企業側は基本的に安定的な利益を得る。万が一、利益が低下して採算が取れなくなったとしても事業から撤退すればいいだけだ。しかし、住民は簡単に地域から撤退できない。さらに行政が再び運営権を求めると、違約金を請求されることすらある（特に水道事業民営化はこのような事例が多発し、世界的に「民営化から再公営化」へのシフトが進んではいる）。

独占状態を阻止する力も弱まっている。

ケネス・シーヴ、デイヴィッド・スタサヴェージ『金持ち課税』によれば、所得を多く持つ者がその分多くの税負担をするべきだとする「支払い能力主義」はあまり支持されない。「才能と努力によって稼いだのなら、単にたくさん持っているという理由で高率の税に苦しまされるべきではない」[*1]という見解を少なくない人びとが持つのだという（お金には結びつかない才能や努力があり、また才能と努力が報われなかった人もいるだろう）。

戦後日本の所得税もピークで最高税率が75％まで達したが、現在では45％となっている。[*2]

やはり徐々に不平等へと回帰しつつあるようだ。
私は序章でこう書いた。

生活のために働き、生活を犠牲にする。そうではなく、経済とは本来みんなの生活を良くする、もっと言えば、みんなを幸せにするための土台であるはずだ。

しかし、よくよく考えてみれば、なぜ〝みんな〟の生活や幸せを考えなければならないのだろうか。そもそも〝みんな〟とはどこの誰なのか。全ては個人の選択の問題ではないのか？

そう考える人が多くいても、何ら不思議なことではない。

自由は私たちを「幸せ」にするか？

資本主義的な社会を貫く法則こそ、「選択の自由」というコンセプトである。
私たちは日々、商品やサービスを選択する。学校や就職先など進路を選択する。友人や恋人や結婚相手を選択する。誰を選ぶのか、誰も選ばないのか、すべて個人の自由である。

これは裏返すと、選別をくぐり抜けるということでもある。入学試験や就職試験をくぐり抜け、選んでもらえるような商品やサービスを提供し、選んでもらえるような自分にならなければならない。

悲惨な結果であれ、その選択をした人の責任である。なぜならば、選択を誤ったからである。選ばれなかったのも、その人の責任である。その人の努力が足りなかったのだ——。

多様な選択肢がある、というのは通常で考えればいいことに違いない。一方で、私は「選択の自由」というコンセプトそのものにも、一定の疑問符をつけている。「選択の自由」に関しての「合成の誤謬」が起こっているのではないか、と。

自由を否定したいわけではない。ただ、自由の「その先」に待っているものについても、そろそろ考えてみたい。自由からの逃走ではなく、自由からもいったん自由になるということ。

私は、三人でこの本を作るにあたって、自由の価値そのものを、松尾さんと井上さんに今一度問いたいと思った。お二人とも、自由に高い価値を置いているからだ。

そして、その「自由」は私たちを「幸せ」にするだろうか？

この長い対話は、そこでひとまずの終着点を見るだろう。

＊1　ケネス・シーヴ、デイヴィッド・スタサヴェージ、『金持ち課税』立木勝訳、みすず書房、２０１８年、54ページ

＊2　累進課税や最高税率について、しばしば勘違いされていることがある。例えば年間４０００万円を超える所得のある者は最高税率45％の適用対象となるが、所得全体から45％が税金として徴収されるわけではない。〝４０００万円を超えた部分の所得に関してのみ〟最高税率45％が適用されるのである。税金は財源ではないので、高額所得者の税逃れがあっても財政的には困らない。一部の者の買い占め行為によって皆が困るように、所得の独占は社会的影響力に偏りを生み出し、民主主義を不安定にさせてしまうのである。また、お金持ちが働かなくなるという懸念も聞かれるが、それは独占力の解除という意味で成功であり、ワーカホリック（労働依存症）の治癒という意味でも望ましいと言える。さらに日本人は成功者を妬みやすいという文化論的な話もあるが、累進課税は以前よりも弱まっているのであり、妬みがあるとすればその対象は公務員や生活保護受給者へのバッシングという形で表出されていたのではないか。そうしたバッシングは不当であり、例えば宇多田ヒカルさんなどの年収が数千万円程度になってしまうのであれば、それも同様に不当だろう。すべての人びとの生活水準向上こそが目指されるべきなのである。

第十章

「考える私」「感じる私」にとっての選択——松尾匡

松尾さんは私よりも結構な年長者である。本来であれば、松尾さんが私に「いつまでも〃選択の自由〃ばかりを追求しても幸せにはたどり着きませんよ」と諭す側であってもおかしくない。しかし、松尾さんは多少の留保をつけながらも〈個人の選択の自由が拡大することこそ幸福を保証する〉と言い切っている。おそらく、出発点が違うのだ。松尾さんには、共同体によって強力な抑圧を受けてきたという認識がある。一方で、今やプライベート・ライフにおける人間関係の取捨選択はデフォルトであり、それは常に「存在の耐えられない軽さ」とも表裏一体となっている。

また、人との関係が醸成されていく時間（ストーリー）の重みこそ、幸福感と関係があるのではないかと私は提起した。それは、慣れ親しみが育む感情であり、その間柄でしか通じない共通言語が生み出されていくような関係性である。

一方で松尾さんは「反緊縮の旗手」としての自分と、私生活の自分とを対比させ「幸福」について語っている。

ここには若干のディスコミュニケーションが発生しているが、まさに松尾さんの提起する「自由な異種混合」が起こっていると言えるだろう。（高橋）

選択肢が増えると人は不幸になる？

たまたま所属するコミュニティによって選択肢が制約されることが「幸福」だなぞ、筆者にはおぞましい限りと感じられる。その意味でリバタリアンだと自覚するし、個人の選択の自由が拡大することこそ幸福を保証すると考えている。

しかし、本書の執筆企画において、高橋さんからは、最初にインタビューを受けたときにも、井上さんを含め三人で鼎談したときにも、個人の選択の自由が幸福につながるのかという問題提起を受けた。

例えば、恋愛など、たまたま縁のあった人とある程度関係が固定する中で、互いに影響を与え合って絆が深まるもののはずなのに、今は「恋愛市場」でさまざまなスペックを比較して、簡単に取り換えあうものになってしまっている。こんな中にいると心が殺伐としていって、確実に不幸になるというわけである。

しかし、自決を強いられた人が、刃物で死ぬのかピストルで死ぬのか首吊りで死ぬのか等々の選択肢を与えられたために、どんな死に方をしたらいいかを思い悩み、別の死に方のほうが楽だったのではないかとの疑いを抱きながら死ぬことになったとしよう。

以前の、ただ切腹すればよかった時代と比べると不幸になったと言えるかもしれない。でも、このことは、自決する以外に選択肢がないという潜在的《メタ》な次元での自由のなさに起因することは自明だろう。

同様に、恋愛市場の選択肢が広がることが不幸なのも、世間から特定の結婚像・恋愛像を強要されたり、経済停滞や格差や自己責任化の中で、結婚に伴い得る経済的リスクや生活苦を強いられたりしている状況があって、こうした状況自体の「選択肢のなさ」こそ、問題の根元だと見なければならない。

さらに、そんな状況のもとで、日本ではまだまだ結婚自体を試行錯誤することのハードルが高いからこそ、誰と恋愛を始めるかという時点で試行錯誤が激しくなるのだと思われる。

そもそも資本主義の経済体制のもとで、市民《ブルジョワジー》には営業の自由が保証されているが、それは利潤追求という単一の目的を市場から否応なく強要された上で、そのための手段として何が適切かを選択できるという自由にすぎない。

自己責任でシビアにそれを選ばされて青息吐息になっている市民《ブルジョワジー》の中には、選択肢が増えるほど不幸を感じている者も少なくないだろう。

現在の「恋愛市場」の状況は、まさに「市場」になぞらえているとおり、この市場的自由と同様の原理が、今や公然と恋愛や結婚をも捉えるものとなったがゆえにこそ、不幸さが際立つことになるのだと思われる。

それゆえ、選択肢が増えると人が不幸になるという問題の鍵は、本当に大事な選択肢が実質的に限られていることにあったと言えよう。

これがわかれば、以上でこの章を終わらせてもいいのだが、しかし、この問題は、よく考えると一言で簡単に片付けるわけにはいかない重みを持っている。結局、私見は以上の結論に違いはないのだが、ここでは今しばらくこの問題を追いかけてみたい。

真に自由な社会とは？

次のような問題を考えてみたい。

生まれたときに特別に選ばれた者は成人したときに神への生贄に捧げられることになっている掟の社会があったとしよう。

生贄の予定者は幼い頃からその運命を誇りとして内面化して育てられたために、別の人生が選択肢として与えられると不幸を感じる、ということはありがちな話である（そう言えば、特攻死するはずだった島尾敏雄と後を追って自決するはずだったミホが、そうはならずに生き残った結果できた結婚生活は決して幸福ではなかった）。

では、本人の幸福感を尊重して外部者はこの社会への介入を避けて、生贄の運命を全うさせるべきなのだろうか。まさか！　では、本人の幸福感をあえて踏みにじっても外部者がこの社会に介入して別の選択肢を認識させることは、いかなる根拠で正当化されるのか？

この例はあまりに極端で現実味がないと思われるかもしれない。

しかし、例えば、女性が男性に従属する役割を担う文化は過去世界中にあったし、そこにおいて、その選択肢しかない現実を内面化して、その役割を果たすことに幸福感を持っていた女性は多かっただろう。

そういった女性たちの前に、それとは違う人生の選択肢が広がったとき、選択肢がなかった場合と比べて不幸な精神状態に陥る人が出ることは、実際に多々起こったことだろうと思う。

このようなときに、それでも女性の人生の選択肢を増やすことは、いかなる根拠で正当化できるのだろうか。

ここで陥りがちな、もっともやってはならないことは、本人の主観とかかわらない「真の」幸福を論者が勝手に設定して、ルソー主義者流に「自由」を強制することであろう。そのようなパターナリズムはよくて反発を生むだけ、悪くすると、その論者が持った権力に応じて、大なり小なりのおぞましい抑圧へと陥るのが通り相場である。

だが、このことは、選択肢なき中での本人のでき合いの幸福感を肯定する言い訳にしてはならない。何が本当の幸福かなどということは、本人にすら自覚できないことなのだから、他人にはなおさらわからないというだけである。

本人に自覚できない以上は、本人の幸福感が本当の本人にとっての幸福から乖離している可能性はもちろんある。

本人にも自覚できないのならば、結局はいくつも選択肢を用意して、試行錯誤でやってみるほかはない。それは本人が思いつくものでもいいが、それが不十分ならば社会が十分に用意するのが、真に自由な、望ましい社会である。

神の生贄になるのとは別の人生として、何ら自ら生きる術を身につける機会なく、世俗の遊びも経験する機会なく、人と愛し合う可能性もつぶされたまま、社会に放り出される人生しか思いつかないのであれば、その人にとって実質的には生贄以外の選択肢はない。

そこに幸福を感じるのはやむない心理である。それなのに外部者が別の選択肢があるぞと上から目線で介入することは、抑圧と捉えられて当然である。

だから、当面、生きる術を身につけていなかったり、遊びも知らなかったり、人と愛し合う身構えもなかったりしたとしても暮らしに不自由なく、やがてはいろいろな人生を困難なく送れるようになることを社会が保障してこそ、本当の意味で選択肢が増えたと言えるのである。

「恋愛市場」現象の問題も同じである。パートナーに誰を選ぼうが経済的に困窮することなく、特に子どもの暮らしや教育に影響なく、介護や看病の負担がふりかかってくることもなく、社会的重圧も受けず、自分の望ましい人生を歩むことができるのならば、恋愛相手としての選択肢の増加や試行錯誤のしやすさは、素直に幸福感の増加に直結するだろう。

「生きているだけの私」による試行錯誤の選択

さて、このように考えると、ここで考えられる「自由な選択」というものは、通常このような議論のときに考えられている理性的選択とは、ある意味で対極にあることがわかる。

新古典派経済学で通常想定されているような、合理的個人が熟慮の末選択し、その結果について自ら責任を引き受けるという話ではないのだ。

むしろ、選択の結果の自己責任など極力降りかからないよう社会が配慮することが望ましいことになる。さもなくば、自らの選択の結果を引き受けることができる強い者だけが、実質的な選択肢を享受できることになるのだから。

前述のとおり、ここで選択肢を選ぶことによって奉仕しようとしているのは、本人の意識でも自覚できない内面のニーズである。山本太郎さんが「あなたは生きているだけで価値がある」と言う、その「生きているだけの私」である。

意識がないとされる状態で生きている人でも、意識のある人と同等の人格なのであって、その快・不快の反応はその人のニーズの現れとして、それに基づく選択がなされるよう最大限尊重されるべきものである。

意識のある人の内面のニーズは、意識がないとされる人の身体レベルの快・不快そのものではなくて、意識によって（意図した通りか意図せざるものかはともかく）変容を受けているのが常態だろう。しかし、それは意識がないとされる人の身体レベルの快・不快と比べてかくべつ高尚というわけではない。

それは、人の手によって影響を受けた自然は、手付かずの自然と比べて、植物も虫も温度等々も変わってしまっているかもしれないが、それも自然であることと同じである。

このニーズに合致したものは何かということは、どんなに理性を振り絞って計算したとしても、どこまでいっても仮説でしかない。今採用されているものよりももっといい方法があるかもしれない。だから、このどこまでいっても未知のニーズに、よりよく合致したものを探すのは、数多くの選択肢からの絶えざる試行錯誤によるほかない。

依存症になる選択肢はなぜ規制できるか

ところで、鼎談では依存症の問題がとりあげられた。選択肢が多い方がいいというならば、依存性のある薬物やギャンブルなどへの規制はなくして、自由にしたほうがいいのだろうか？

筆者も最終的には何らかの公的な介入が必要だと思っているのだが、それがどう正当化されるのだろうか。個人の選択の自由を侵すべからずという原理原則に対する大きな侵犯にならずにそれができるのだろうか。

拙著『自由のジレンマを解く』[*1]で述べた私見では次のように考えている。

自己の選択の自由というときの決定の主体、物を決める主体とは誰だろうか。今も述べたとおり、私という個人が、ある一つのアイデンティティを持った一個の人間なのかというと、そうではない。

私の中にいろいろな主体がある。大脳新皮質でものを考えている理性だけが私というものではない。そうすると、いろいろな体の部分も実は、私という主体の一部なのだけれども、それと頭で考えたことが同じじゃないという可能性はあることになる。先ほど来述べてきた、ニーズが身の内に潜在していて、自覚できないというのはそういうことである。

ではそのようなときに、いったいどのニーズを重視すべきなのか。

例えば、夫のＤＶに遭っている女性がいて、その人が「私は別に虐待を受けているわけじゃありませんよ」と口で言っているからといって本当にそうなのだろうか？

それを口で言っているから、それでいいんだという話になると、北朝鮮もみんな民主国家になってしまう。

だから、やはり口で言っている意識とは違う本当の自分があって、その本当の自分はそういうのを望んでいないのではないか？

それをどうするか。「自己決定」というときにじゃあどこが決定するか、自己のうちの何が決定するかという問題が出てくる。

結局のところ、やはり何らかの形で意思表示したものを尊重するしか最終的にはない。そうじゃないと外側からのパターナリスティックな介入になってしまうからそれはよくない。だけれども、でもやはり本人が言っているからそれが本人の意思だというわけにはいかない。

では、どうするのか？

私見では、その意思決定を繰り返し振り出しに戻って吟味できて、吟味した上で言っているのであれば、それは身体も含めた本人の意思と言っていいだろうと、近似的に判断するしかないと思っている。

そうしたときに、いったん依存症にハマり込んでしまうと、その繰り返しの吟味ができなくなる。例えば、覚せい剤打ちますか、打ちませんかという自己選択を行ったときに、覚せい剤を打ちますという選択を一回行ってしまったら、打つか打たないかということを選択し直すということがもう二度とできなくなる。

繰り返し自己決定するということができなくなると、自己決定を尊重しましょう、ということが成り立つ基盤がなくなるのである。

そうなると、その成り立つ基盤がなくなるようなものは一応公的に規制していいのではないか。なんらかの形で薬物やギャンブルなどの依存にハマりこんでいくことについては、公的規制とは別に、NPOなどが民間のレベルで頑張っていたとしても、最終的なところで何らかの公的規制が以上の理屈で正当化できるのではないかと、今自分は思っている。

同様に、命を失ったり重傷を負ったりする可能性が高い契約や、奴隷契約がなぜ無効とされるのか、児童ポルノがなぜ禁止されるのか、破産制度がなぜ必要なのかも、この理屈から正当化できると考えている（詳しくは『自由のジレンマを解く』を参照のこと）。

ベーシックインカム制度が望ましいのも、それがあれば人々はみな、自分の人生の選択を繰り返し再吟味しやすいからである。

「考える私」にとっての幸福とは？

では最後に、鼎談で高橋さんから提起されたことだが、快楽レベルではない、人生のストーリーを作るというようなレベルでの幸福こそが本当の幸福ではないかという問題について答えておこう。

ここまでの話は、大脳新皮質でものを考えている私には捉えきれない、大脳辺縁系で感じるような欲求や情動、それは身体としての私も含む主体、つまり「感じる私」を自己決定の主体としたものである。

しかし、同じ一人の人間には、他方で言葉のような記号の組み合わせを使って「考えている私」という主体もある。「情報としての主体」と言ってもいい。

人々に実際に行為をさせるのは、この「考える私」の方である。

『自由のジレンマを解く』で私見を提起したように、自己決定の裏に自己責任が問われるのは、この「考える私」の決定である。

なぜなら、この「情報としての主体（考える私）」の目的は、自分も含め、なるべく多くの人々の「感じる私」に選択されて、多くの人の頭中に広がっていくことである。

人々の「感じる私」からすすんで選択されないならば、あるいは、いったん選択されても、「感じる私」のニーズに合致しなかったせいで捨て去られたならば、その結果を甘んじて受け入れなければならない。

多様な人びとのアイデアが混ざり合い組み合わされ、突然変異を起こす。ヨゼフ・シュンペーターの言う「イノベーション（技術革新）」はまさにその実例であるが、こうしたタブーなき自由な異種混合が起こることを社会は保障する必要がある。

しかし、それが例えばハラスメントや健康被害や環境汚染をもたらすのであれば、「感じる私／身体としての私」のニーズには合致しないと言えよう。

それだけでなく、それに基づく行為のために多少とも誰かの「感じる私／身体としての私」の選択肢を狭める害を与えたならば、できる限りそれを回復させる責任がある。「損害賠償」はその典型例である。

「情報としての主体（考える私）」が、なるべく自分のコピーを広めることが自己目的になるというのは、生物の遺伝子が典型的にそうであるように、事後的にそういう性質を持った情報が支配的になるからという、結果からの理由づけである。

しかし、ヒトは社会的であることがその本質である生物なので、そのような行動原理を抱いた個体は進化的にも有利になる。だからヒトは、情報としての「考える私」のコピーが人の頭中に確実に残る（影響を与える）ことに、感情的にも幸福感を感じるようにできているのだと思う。

日本の伝統的社会において、死後「成仏する」と意識されていたことは何かと考えてみるに、近親者の頭中に私の思い出が私の価値観等々とともに残り、私自身の考え方に基づく行為によって近親者たちの「感じる主体」のニーズになされた貢献に対する彼らの感謝ととももに、その人たちから「いい人だった」と評価されて、その人たちの「考える主体」の一部となって彼らの行為を動かして互いに恩恵をもたらし、そのことによってさらに子孫へとそれが伝わっていくことだったろう。これを確信するとき人は幸福を感じたのだろう。

各自の「情報としての主体」「考える私」は、他人の「考える私」を受け入れて大小の割合で交配させ、自分の「感じる私」の事情からくる変容を加えてできている。その際、先行した「考える私」からの変容が比較的小さい場合もあるが、ときたま大きく突然変異を起こすこともある。

大きく突然変異した「考える私」は、たいていの場合、まず自分の「感じる私」に合致せずに捨て去られるし、捨て去られなかった場合でも、多くの場合、他人の「感じる私」に受け入れられずに広まらずに終わる。

しかし、たまに大きく突然変異したがゆえに、既存のものよりよく自分や他人の「感じる私」のニーズに合致して、より強く選択され、より広く受け入れられていくということもまた起こり得る。

このような影響を他人と互いに与え合い、結果としてオリジナリティの高い「考える私」が、人々のニーズを満たして広く受け入れられていく。

これが、快楽原則を超えた、「人生のストーリーを作る」というようなレベルでの幸福なのだと思っている。だから、このレベルでの自由とは、交配や突然変異を起こす自由であり、他者から妨げられずに「考える私」を公正に宣伝する自由である。

しかし、このような「考える私」レベルの幸福が、「感じる私」レベルの幸福よりも何か質の高いもの、高尚であるかのように、一概に評価するわけにはいかないだろう。

前述した、神の生贄になる運命の人が、その人生を幸福と感じるのも、伝統的な宗教的価値観を受け入れて形成された「考える私」が、神聖で立派な崇めるべき自己像を抱いていて、それを広く他者が頭中に受け入れて共有することに幸福感を感じるからだろう。

しかし、それは、身体レベルの「感じる私」の幸福を完全に踏みにじることになるのである。

あるいは、暴政打倒の思想を抱く革命家が、成功の見込みのない反乱にあえて乗り出して刑死することで、自分の考えが広く人民に共有されることを確信して、その人生に幸福を感じるかもしれない。

筆者もこのような人生を称揚することに異存はないが、しかしそれが、そこから外れたら責められるような、他人が則るべきお手本とすべきかというと、決してそうではないと思う。

筆者の目下の人生も、交配と突然変異という意味ではそれなりにオリジナリティの高い考え方が、それこそ人々の「感じる私」レベルの暮らしのニーズに合致するために、極少数者から出発して、今のところ広がる展望を持てているという意味では、「幸福」と言えるかもしれない。

しかし、自分の身体レベルの「感じる私」にとってこれが幸福なのかと言えば、いささか生活上のバランスを欠いている気もして、この人生を他人に勧められるかと言えばちょっと躊躇せざるを得ない――鼎談ではそんな話をした。

＊1　松尾匡『自由のジレンマを解く　グローバル時代に守るべき価値とは何か』ＰＨＰ新書、２０１６年

第十一章

脱労働社会における人間の価値について——井上智洋

２０１９年３月某日。私たち三人は合流し、長丁場で話し込んだ。

そこで最も話が白熱したのは、人間の「幸せ」についてである。資本主義社会が作り出す世界はある種のバーチャル空間であり、現在のハードモードなゲーム設定を変えるべきだとする見解には合意を得た。

一方で、松尾さんは「遺伝子」、井上さんは「脳内物質」に絡めて話を展開させるのであるが、私はあまりそういった考え方をしないので「対話の交通事故」が幾度も起こった。

特に井上さんは〈自分は今でも哲学をやっている気でいる〉と語る通り、経済学者でありながらもその関心領域は脳科学やＡＩ、現代思想にまで及んでおり、唯一無二のポジションを獲得している。

ＡＩとＢＩ（ベーシックインカム）による「脱労働社会」の到来を一貫して予見してきた井上さんが、そこにどのような未来社会の「ユートピア／ディストピア」を描くのか。彼独自の思考が凝縮された章となっている。（高橋）

「脱労働社会」は実現するか

私は、２０１６年に出版した『人工知能と経済の未来』[*1]という本で、人工知能（ＡＩ）が高度に発達した未来に、ベーシックインカム（ＢＩ）が導入されれば、人間が労働から解放された「脱労働社会」が実現すると主張した。

現在の人工知能（ＡＩ）は「特化型」と言われ、自動運転とか将棋とか一つの特化された課題しかこなせない。これに対して、「汎用型」は、人間のようにさまざまな知的作業をこなすことができる。

２０３０年頃には汎用ＡＩの開発の目途がたつとも言われている。そうすれば、様々な仕事をＡＩに任せることができるようになる。

だが、たとえ汎用ＡＩが登場しなかったとしても、既存の特化型ＡＩの延長上でもかなりの仕事が機械に置き換わるだろう。

例えば、今「スマート農業」といって、農業にドローンや自動運転トラクタ、収穫ロボットといった機械が導入され始めている。私の予想では、２０４５年頃には農地をモニターで管理する「マネージメント」やどのような農作物を作るかを考えるといった「クリエイティヴィティ」を要する仕事が農業の中心となっている。肉体労働のほとんどが機械に置き換わり、農業従事者がホワイトカラー化する。

早ければ２０４５年頃、遅ければ２０６０年頃、日本では生活できる収入を得られるだけの仕事がある人は、人口の１割ほどという社会「脱労働社会」になっているかもしれない。

もちろん機械に代替されにくい仕事もある。小説の執筆、映画製作、新商品の企画といった「クリエイティヴィティ」、店舗の管理や会社の経営といった「マネージメント」の他に、看護師、保育士、インストラクターなど「ホスピタリティ」に関わる仕事である。

ＡＩの発展と普及により経済は飛躍的に発展し、現在より圧倒的に少ない労働時間で、人間が生きていけるだけの生産力が確保できるようになるであろう。一方で、少ない仕事を奪い合う悲惨な社会が到来する恐れもある。私はそういう社会を見たくはない。

未来社会に必要なベーシックインカム

そこで私が必要だと考えるのは「ベーシックインカム」（ＢＩ）だ。収入の水準に関係なく、世帯ではなく個人を単位とし、全国民に政府が給付する「最低生活保障金」である。

例えば、毎月7万円のお金が老若男女を問わず国民全員に給付される。世帯ではなく個人を単位として給付されるというのも重要な特徴だ。

私が主張するＢＩは、社会保障制度を全廃するために導入するものではない。政府による障害者や高齢者の支援は残すべきであるし、生活の「ラストディフェンス」（最後の守り手）としての生活保護も必要だと考える。

もちろん、月7万円ではゆとりのある暮らしを送るのは困難だろう。そういう意味では、7万円という給付については「生活補助金」と呼んだ方が妥当かもしれない。

では、なぜ10万円や20万円といった額を提示しないのか？

これだけ世の中「人工知能！　人工知能！」と騒がれているにもかかわらず、今はまだ、ＡＩが生産性に与える影響は無視できる程度にすぎない。ＡＩに労働を任せ切ることはできないのである。

一人に月20万円も給付したら、会社を辞める人が続出してしまうだろう。7万円という数字には大して根拠はないが、これくらいの額であれば、ツイッターで愚痴をこぼしているような日々の労働がつらくてどうしようもない人以外はほとんど職を辞したりしないはずだ。今はまだ多くの労働力が必要とされているので、さしあたり7万円という額を提示しているのである（コロナ危機収束までは10万円くらい給付してもよいかもしれない）。

いずれＡＩが高度な発達を遂げた時には、人間はそれほど労働をしなくても暮らせるようになる。その時には、月20万円や30万円といった給付が可能となり、脱労働社会が実現する。

そのような社会における人々のマインドはどのようなものだろうか？「いい職に就きたいから英語を勉強する」「キャリア形成のために〝イマ〟を犠牲にする」ということが脱労働社会では少なくなるだろう。

今でも、優れた自動翻訳機や通訳機器が出てきているので、これからは英語の勉強を無理に頑張る必要もなくなる。もちろん英語でコミュニケーションをとるのが好きな人であれば別だが、キャリア形成のために「好きでもない英語を頑張る」必要はなくなる。

また、〝社畜〟というスラングがあるが、仕事の他に趣味がない方々にも生きづらい未来になりそうだ。

幸い、既に若い世代は会社の仕事よりも自分の好きなことに時間を割きたいと思うようになっているが、そうでない人たちは「誰かが決めた制度の中で生きる」のではなく、「自分が好きで、熱中できること」に取り組むようにした方がこれからの時代にはよいかもしれない。

これからはもっと自分と向き合う必要が出てくる。このような社会では、賃金の額で測られる人間の有用性はさほど問題でなくなる。

ＡＩの未来社会は「大量失業時代」ではなく「賃金労働からの解放」と捉えることもできる。しかし、そのためにはＢＩが必要なのである。

バーチャル・リアリティの発達した社会は悪夢か？

脱労働社会になれば未来のために頑張る意味は相対的に薄れるので、人はより刹那的で動物的になっていく。

エンターテインメントも大脳新皮質に訴えかける思想性のあるものよりは、本能や情動をつかさどる大脳辺縁系に訴えかけるものが増えていき、動物的、刹那的なものが好まれていくかもしれない。

例えば、「全米が泣いた」的な感動的な映画とかホラーのような怖い映画、スリリングな展開を楽しむだけの映画というのは、大脳辺縁系的である。すでにそういう作品が好まれる傾向はあるが、ＡＩとＢＩがもたらす社会ではより顕著になるだろう。評論家の東浩紀さんの言葉を借りれば、人間はますます「動物化する」ということになる。バーチャル・リアリティの世界に没入して楽しむだけの生活もありえる。働かなくてもいいわけだから、ずっとヘッドマウントディスプレイをつけてバーチャルの世界を生きる人も増えるかもしれない。

バーチャルの世界で夢のような楽しい体験を続けることもできるが、リアルに備える必要もある。例えば、バーチャルの世界を楽しんでいるときに震災が起きてヘッドマウントディスプレイが破壊されたら、一気に現実の世界に呼び戻されてしまう。

人々がバーチャルの世界に完全に没入することは、倫理的にいけないかどうかという以前に功利主義的にまずいかもしれない。リアルで起きる災害のような有事に備える必要があるからだ。

しかし、それは未来の世界で初めて直面する問題というわけでもない。比喩的に、私たちの日々の生活そのものがバーチャル空間のようだとも言える。私たちは世界で起きているテロリズムや飢餓、今後起こるかもしれない災害や戦争といった恐ろしいリアルから目を背けて、安穏とした夢うつつのような消費生活をむさぼっていられる。そこへ3・11のような災害が発生するとそうしたバーチャル空間のような安穏とした生活が破壊される。

そういった功利主義的な問題が仮に解決されたとして、バーチャル空間に引きこもって快楽をむさぼるような生活を送ることは望ましいのだろうか？　それはドラッグの問題に置き換えてもよいかもしれない。

私は、ミュージシャンや俳優がドラッグをやろうがやるまいが個人的な関心はない。「ドラッグをやっているミュージシャンの音源を販売停止にせよ」と本気で憤っている人の気持ちもよくわからない。

健康を害するのであれば依存症には支援が必要だと思うが、副作用がない場合はどうか？　アメリカの哲学者ロバート・ノージックの思考実験にあるのだが、脳に電極を挿し、直接的に脳内環境をうまくコントロールして幸福感を味わえることが可能になったとしたら、社会はそれを抑止すべきだろうか。

副作用もなく、この「プレジャー・マシーン」（快楽の機械）が幸福感を与えてくれるとして、人々はいろいろと面倒な現実社会への参加意欲を持ち続けることができるのか？　私は今のところ、このプレジャー・マシーンで楽しむ「自由」を否定するロジックを持ち合わせていない。ただし、それが全面化した社会を悪夢のように思っている。

私たちが普段感じる感覚はすべて脳が作り出している。この主張に対して、これまで様々な反論がなされてきたが、脳科学の研究では今のところ「すべて脳が作り出している」という証拠しか結局出てこない。

２５００年くらい前に、現在の脳科学の見解とおそらく合致していたのが、執着を絶ち、人間関係で得られる幸福感を捨てて瞑想生活に入ったブッダであった。そして現代では、脳の活性化や集中力を高めるエクササイズとして「マインドフルネス」といわれる瞑想がＩＴ企業の研修などでも取り入れられたりしている。もちろん瞑想は一人でも可能だ。

何を言いたいかというと、人間関係で得られる幸福こそが「真の」幸福などとは言えないかもしれないということだ。最終的には脳内物質のコンディションが人間の快・不快を決定づけているのではないか？　それは例えば神経伝達物質セロトニンの量が多めに出ているとか、そういう情緒のない話である。

人間関係を良好にして幸せが得られたとしても、脳内物質が作用して幸福感を感じさせているという意味では結果的に同様のメカニズムである。心や精神と言われるものは、結局（脳の）物質性に還元できてしまう。

だったら、薬物やバーチャル・リアリティによって、快楽や安らぎや充実感を得続けることも倫理的に否定できないのではないか？　ＬＳＤは１９６０年代には、「インスタント禅」

と呼ばれていた。座禅を組んで得られる悟りの境地に副作用のない薬物で至ることが可能だとしたらそれは許されるのだろうか？

誤解してほしくないのだが、私はあらゆる人々が薬物やバーチャル・リアリティによって快楽に溺れているだけの社会をおぞましく思っている。しかし、そのおぞましさがどこからやってくるのかまるでわからないのである。そのような社会を否定することのできる説得的な哲学を私は知らない。

＊１　井上智洋『人工知能と経済の未来　２０３０年雇用大崩壊』文春新書、２０１６年

経済的不平等は解決できるか？

ウォルター・シャイデル『暴力と不平等の人類史』によれば、人類史において経済的不平等を正したのは戦争、革命、国家の破綻、疫病（伝染病）の４つであったという。

トマ・ピケティ『21世紀の資本』は、二度の大きな戦争が富の平等化をもたらし、戦後の累進課税制度による富の循環によって高い経済成長率が維持されたことを実証的に分析した。

ケネス・シーヴ、デイヴィッド・スタサヴェージ『金持ち課税』によると、戦争への国民の参加数が多い（＝総力戦だった）国ほど、戦後の累進課税導入に積極的になったという。戦争により国民の多くが犠牲になり、一方で戦時中でも（だからこそ）大儲けをした人間もいて、国民の間の不公平感は極度に高まったのである。まるで帰還兵へ補償するように国民への福祉も施されたのであり、戦後の福祉社会は戦争という総力戦の副産物であった。

これらの歴史は私たちに暗い影を落とす。

再び『暴力と不平等の人類史』に戻れば、不平等こそが人類史において日常であるという。いったん平等化されても、時間をかけて不平等へと復元されていくのだ。レーニンやスターリン、毛沢東による平等を目指した「革命」もまた、暴力と膨大な死者を発生させた。

最後の砦である19世紀に発明された民主主義というコンセプトは、経済的不平等を今度こそ解決するだろうか。

経済的な格差が良くないのは、単に「不平等だから」という理由だけではない。強い交渉力を持つ者が生まれることによって大多数は権限や自由を制限されるのであり、また富が循環しないと購買力は減退し、結果的には全体の経済にもマイナスの影響を及ぼすのだ。しかし、現代においても、豊かな生活を送れるかどうかは本人次第であるという考え方は浸透しきっている。

率直に言ってしまえば、日本の経済的な長期停滞は今後さらに昏迷を深めていくことが予想される。介護や子育てはおろか、ただ生活するだけで精一杯な人が量産され続けるだろう。多くの人間は人生の時間を切り売りし、売りたくもないものを売る日常が延々と地味に続くのだろう。

「誰かと共に生きていく」者と「誰とも共に生きない」者の分離

資産を持つ者と持たない者の分離、これに加えてもう一つの社会的な分離が起こっている。それは、「誰かと共に生きていく」者と「誰とも共に生きない」者の分離である。

直観に反して、近年ほど家族を重要視する感情が高まった時代もあまりない。それは現代が厳しい「選別」の時代であるが故に、選択的ではない「無条件の関係」を欲する思いもまた高まっているからだと言えるかもしれない。

統計数理研究所が「あなたにとって一番大切なもの」を聞いた調査によると、「家族が一番大切」と答える比率は戦後一貫して増加している。

殺人被害は見ず知らずの他人からではなく「親族間」で起こる比率がもっとも高いが、それは日本の治安が極端に良くなった現れである。戦前は、日本でも児童労働が珍しくなかったので、工場長など家族以外による児童虐待が今よりも頻発していた。戦後も１９７０年代頃までは今に比べて子どもが殺人被害に遭う件数は多く、１９７０年代における０歳児の殺人件数は現在の約20倍もあった。昔であれば虐待と見なされなかった行為も通報されるようになったので、児童相談所への相談件数は逆に毎年増加しているが、被害を受ける子ども自体は激減している[*1]。

一方で、現代の社会は「新たな家族」を形成することは難しくなりつつある。

平成は少子高齢化社会の本格的な幕開けだった。日本の人口は平成17年（2005年）に戦後初めて減少を経験し、その後2年はまたわずかに増加したが、平成20年（2008年）以降は完全に減少トレンドに入り、未曽有の人口減少時代に突入している。

令和に入ってからもこのトレンドはもちろん継続している。それどころか、2019年は前年比5・92％減と落ち込みが加速し、1899年の統計開始以来、初めて90万人を下回った[*2]。死亡者数が出生数を51万2000人も上回っており、金沢市や倉敷市の人口が一年で消滅した計算となる。これは先進国の共通の傾向でもあるが、日本は最先端だ。

もちろん、これには低所得者層の増加が一つの要因になっていることは明白だろう。しかし、それだけだろうか？　日本の出生率がもっとも低いのは東京都（平均所得は全都道府県でトップ）、もっとも高いのは沖縄県（平均所得は全都道府県で最下位）だ。

少子化が進行し始めたのは、むしろ経済がある程度成熟した頃にこそ浮上してきた問題であった。

日本の合計特殊出生率が1・5を切るのは1995年からで、その後2005年（平成17

年）に１・２６で底を打ってから緩やかに微増して、現在は１・４近辺を推移している。人口が増えも減りもしない一定の水準（人口置換水準）を保つためにも合計特殊出生率２・０７以上が必要とされているが、日本は１９７４年（昭和49年）以降からすでにこの人口置換水準をクリアしていない。

実は戦後、日本の合計特殊出生率が人口置換水準をクリアしていた期間がそもそも20年ほどしかなかったのだ。戦後まもなくの第一次ベビーブーム、例えば１９４７年（昭和22年）ではこの合計特殊出生率が４・５を超えている。その数年後には早くも急降下し、１９５０～60年代（昭和30年～40年代）では早くも２・０を下回っている年が数回ある。

日本のみならず、戦後の先進国においては各国１９７０年代を境に大差ない状況で少子化が推移している。欧米諸国の中では比較的高い水準に持ち上げている国もあるが、それでも人口維持に必要な目安である人口置換水準には到達していない。

日本以外の東アジア諸国はさらに低く、シンガポール１・１４、香港１・０７、台湾１・０６、韓国０・９８である。[*3] 比較的高い水準の賃金とベビーシッターに育児を委託できるシンガポールでさえこのような状況というのは、先進国は今後人口減少を前提として社会を営む必要があるということだ。

単身社会と孤独死の増加

子どもを持たない、結婚をしていない、離婚・再婚など、現代社会では普通の家族像が揺らぎ、ライフスタイルも多様化しているという指摘が度々される。

しかし、これは何も現代社会に限ったことではない。国民の大半が結婚をして、子どもを産み育て、夫婦が生涯を共にするというストーリーが形成されたのは、日本では少なくとも明治民法施行（明治31〈１８９８〉年）以降のことである。[*4] 江戸時代では現代と同じように離婚も再婚も珍しいことではなく、出生率は明治から昭和前期の方がむしろ高かった。また、都市に未婚者が多かったというのも現代の日本と同じ傾向を示している。

明らかに変容が見られるのは、単身（一人暮らし）世帯の増大である。かつては未婚者であっても大家族の共同生活に加わっていた。あるいは家そのものが仕事場でもあったので、血縁関係にない者が共に暮らすことも普通のことであった。

現代の日本では、実家暮らし未婚者が増える一方、２０２０年代のうちには日本のどこの都道府県でも単身世帯の割合が最大となる。昨今、孤独死が問題視され地域住民によって見回りなどの防止活動が行われている。今や全世帯の約３分の１以上が単身世帯であり、15歳未満の子どもの数（1541万人）よりも、ペットとして飼われている犬猫の頭数（1855万頭）の方が多い時代である。[*5]

孤独死は高齢者だけの問題ではない。孤独死現状レポート（一般社団法人日本少額短期保険協会孤独死対策委員会2019年5月公表）によれば、孤独死の約4割は50代以下の年齢層である。

「契約的人間関係」の時代

資本主義が行き届いたモダンな世の中では「選択の自由」が至上の価値として賞賛される。数多くある魅力的な商品やサービスから自分の好みのものを自由に選んでいいですよ、というわけだ。

家業を受け継がなくても、自分のやりたい仕事を選択して自己実現を追求するような「個人的自由」が発明されて以降、幸か不幸か市場社会は「人それぞれの好み」に応じたサービスを追求し続けて来た。テクノロジーの発達も合わさって、一人でも満足感を得られる「個人空間」が形成されてきた。同じ場所で生活時間を共有する仲間意識のようなものは、お金とサービスによる「契約的人間関係」に取って代わりつつある。

契約的人間関係が全面的に悪いということはない。介護を家族だけで担うということは、介護をされる側にとって精神的な負担となる場合がある。自分が重荷になってはいないだろうかと自責感が生まれるくらいなら、少しでも介護サービスを依頼して契約的人間関係の比重を増やした方がいいだろう。契約的人間関係はある意味でドライだからこそ、気兼ねなくサービスを受けられるという利点がある。人と関わることで心理的負担や摩擦が生まれるくらいなら、なるべく余計な負担は減らしたいと思う人が出てくるのも当然だろう。

私たちがお金を媒介とする契約的人間関係にメリットを見出す一つの理由は、誰とも最低限しか関わらなくてよいからでもある。

職場の飲み会を拒否するのは、一方は職場というコミュニティの仲間と思っているが、一方は単なる契約関係だと思っているからだ。コミュニティが大事だと叫ばれてはいるが、私たちは半ば自発的に面倒なコミュニティから距離を取ってきた面がある。

しかし、私たちは好ましくない悪縁を断ち切って、選択的に良縁をもたらすことはできるだろうか？

この時代に結婚する動機はどこから生まれてくるか？

例えば、世間的な風潮があるから結婚をするといった要因が徐々に解除されていく時代に、結婚をする動機はどこから生まれてくるか？　残り続ける動機の一つはやはり子どもだろう。日本では特に結婚をして子どもを産み育てるというルートがほぼ絶対的であり、未婚者が増えるということは少子化の問題に直結する。結婚をしている夫婦が持つ子どもの数は長い間変わっておらず、一人っ子が特に増えたわけではない。

したがって、少子化問題の解決策として婚外子を増やすべきだという提案がしばしばなされる。婚外子とは結婚をしてはいない男女のもとに生まれる子どもであるが、北欧やフランスのように結婚をしていなくとも国の社会保障サービスによって子どもを育てる支援が充実すれば、日本でも今よりは少子化が改善されるだろうと言われたりする。

しかし、そもそも「子どもを産みやすくするため」に婚外子は諸外国で普及していったのだろうか？　日本ではそういった議論になりがちだが、先にカップルとしての結びつきが重視されているところで結婚という制度が形骸化し、現実に合わせるように制度を柔軟にしたのではないか。

そもそも希薄なカップル文化のもとで、婚外子という形だけを外から被せようとしても不自然さがつきまとうのではないだろうか。

アンソニー・ギデンズ『親密性の変容』[*6]によれば、経済的な理由や結婚制度などの媒介を挟まず、「ただ続けたいと思うから」続けるという対等で民主的ではあるが不安定でもある純粋な関係を「親密性」という概念で説明する。

名部圭一「流動化する愛」（『現代文化の社会学 入門』〈第1章〉）は、このシチュエーションをこう記述する。曰く「話していてもまったく楽しくないのに、相手がいつも食事代をだしてくれるからというだけで付き合いを続ける恋人関係や、妻の気持ちはすっかり冷めているのに、夫が離婚に応じてくれないという理由でいっしょに暮らしている夫婦などは、『不純（impure）』な関係ということになる」[*7]。

それが永続的かどうかはわからないが、役割や制度を抜きにした純粋な関係を築くこと。手段ではなく目的としてお互いの関係があるということ。

野口裕二『ナラティヴと共同性』によれば「日本では『親密性』という言葉にこのような規範性は含まれていない」[*8]という。

しかし、この「親密性」概念を理想的な関係などではなく、むしろ危険だと見なす見方もある。

今村仁司『貨幣とは何だろうか』によると、「貨幣は経済生活では人間関係を円滑に媒介することが多い[*9]」、また「貨幣は日常の経済生活のなかを空気のように流通し、誰もそれを気にとめない（危機のときを除けば）。貨幣は平凡で凡庸な顔をしているが、それはなければ経済生活は一刻も進展しない。貨幣は関係の制度化した媒介[*10]」であるとし、その意味で結婚もそうした「制度的媒介[*11]」として「まったく同一の機能的性格を持っている[*12]」。

「婚姻は、必ずしも真実の情熱と愛がなくても成立する。当事者がある種の錯覚とある種の経済的利害があるだけで、普通の市民的で平凡な婚姻は十分に成り立つ[*13]」「結婚と恋愛はちがう。ほどほどの恋愛によって慣習的な結婚をする限りでは、問題はない。そこには凡庸の徳と知恵がはたらく。しかし人間の結合を、純粋な恋愛の極限までの追求をとおして実現しようとすれば、人間関係は魔的な力に魅惑され呪縛される[*14]」。そうして結婚という制度的媒介が「解体するとき、主役となるのはもはや人間ではなくて、人間をどこまでも有無をいわさず地獄へと引きずっていく欲望の力である[*15]」。

人間は時に弱く愚かしい存在であるから、関係性に揺らぎが生じる時も来るかもしれない。病める時も健やかなる時も、できれば安定的に継続してこの関係を柔らかく防御してほしい。

そう思い至った時、なるほど結婚という制度は人類の優れた発明の一つであるようにも考えられる。

「誰とも親密に関わらない」という選択

改めて確認しておくが、別に結婚しなくてもいいし、結婚はしたい人がすればいいのだ。十分に吟味して、好ましい相手を選択する自由を私たちは手にしたのである。

ただ、やはりこれは事実上「結婚をしない」選択肢を広げたと言えるのだ。当たり前だが、結婚をしたいと思える相手がいて、その相手からもしたいと思ってもらえないと結婚は成立しない。

現代ではいざ結婚をしたいと思っても、ほとんど誰もが結婚できるようにはもはや社会がなっていない。恋愛だってそうだ。

国立社会保障・人口問題研究所の調査[*16]によれば、２０１５年時点で30代前半の女性約３割、男性の約半数は結婚しておらず、そのうち女性約６割、男性約７割が「交際している異性はいない」。「いずれ結婚するつもり」と18～34歳の未婚者８割以上が回答している一方で、男女共に約3割は「交際を望んでいない」とも答えている。「一生結婚するつもりはない」という回答も毎回少しずつだが増えている。

独身の理由は、男女ともに「適当な相手にめぐり会わない」がトップである。

平成に入るくらいの頃までは、「いずれ結婚するつもり」と考えていた人が実際に多く結婚していった。

携帯電話がない時代にどうやって待ち合わせをしていたのか思い出せなくなっているように、適齢期を迎えるとほとんどの人が結婚をするということ自体が、今となっては不思議な現象のように見えてくる。「いずれ結婚するつもり」は、「気がつけば一人」になっている。

自由に選択した結果、究極的には誰とも親密に関わらないという選択があり得る。それは快適な無縁社会とでも呼べばいいのだろうか。

松尾　少なくとも性欲の問題で言うと、テクノロジーの発展で結局解消されるじゃないですか。

井上　もし素晴らしい社会ができたとしても僕らは相変わらず恋愛で傷ついたり、うまくいかないこともあるわけじゃないですか。でもＶＲ（ヴァーチャル・リアリティ）の中では何もかも超リアルで、恋愛とかもすごくうまくいっちゃうみたいなゲームがあったとして、ゲームの中で生きちゃいけない理由っていうのがあるのかな。

この本を作るにあたって、松尾氏と井上氏と私とで語り合った内容の一部である。

井上氏は、人が幸せを感じるのは最終的に脳の物質に起因するものなので、それがＶＲなどのテクノロジーで見る幸福であっても、機能的には等価だと言う。それでも現実の人間関係に幸せを見出そうとする理由はあるのか、と疑問を投げかける。

松尾氏は、基本的には一人で生きる人たちと、パートナーシップを作る人たちとで「住み分け」をすればいいと言う。

今でも、家庭を持つ者と独身者の話題が合わなくなり疎遠になっていくようなことは起こっている。

「コミュニティからの自由」と「関係性の喪失」

大人になってから親密な人間関係を作るのは難しいと言われる。大人になる前の比較的無防備な時期に、学校というコミュニティで周囲の人間と長い時間を共有する意義はやはり大きい。

昨今は職場結婚が減少しているが、非正規雇用も増えて職場がコミュニティとしての機能を喪失し仲間意識が薄くなれば当然である。したがって、「コミュニティからの自由」というのは「関係性の喪失」と表裏一体でもあるということだ。

自由は解放の別の名である。不自由の記憶が解放感をより強くする。しかし、いったん自由になってしまえば記憶は徐々に薄れ、むしろ関係の希薄さという袋小路に行き着くこともある。

やはり自由と孤独とは表裏一体であり、孤独が嫌なのであれば自由は制限されてしかるべきなのだろうか？

それとも「適度な距離感」を保てる関係性こそが重要なのだろうか。あるいは、どのコミュニティに関わるかという選択肢の問題なのか。

ただ、その前に浮かぶもっと根源的な問いがある。

そもそもなぜ、人は人に対してこんなにも疲れるようになったのだろうか？　ということだ。

「個人空間」の誕生

地理学者のイーフー・トゥアン『個人空間の誕生』によれば、「中世の大部分の時期を通じて、大きく、簡素で、分割されていなかった広間は、出入り自由のほとんど公的な活動場所として使われた[17]」という。

「そこでは、あらゆる種類の人々が集まり、仕事をしたり、つかの間の歓待を受けたりしていた[18]」「他人と寝室を共にするのは、現代人にとって気分の悪いことである。しかし昔の人々は、高貴な人であっても卑しい人であっても、睡眠に別々の部屋が必要であるとは感じていなかった。中世をさかのぼればさかのぼるほど、人々が個別には寝ていなかったことがわかる[19]」。「プライヴァシーや自己の探求は、社会のエリート層だけの贅沢[20]」だったが、やがてあらゆる階層にも広まり一般化していったのが近代社会であり、「自意識過剰な個人というものは、文化の産物である[21]」ともいう。

傍観者効果というものがある。例えば、公共の場所で見知らぬ人が発作を起こして、その人を助けようとするか、あるいは見て見ぬふりをするか。心理学者のビブ・ラタネとジョン・ダーリーによる検証結果によれば、周囲に居合わせた人が多いほど「緊急事態への介入がしにくくなる」[*22]というものであった。

「多数の目撃者がいたにもかかわらず」という表現があるが、「多数の目撃者がいるからこそ」誰も助けようとせず傍観者になってしまうのである。

誰も助けようとしないから、誰も助けない。「傍観者が群衆の中にいるとき、彼は自分が他人の目にさらされ、自分の行動が観察されていることを自覚している」[*23]のである。多数の人間の中でまず初めに自分が助けるという行為を見られることが恥ずかしい、その場にいる多数が同時にそう考えているのである。

あるいは、助けようとしている対象の本人からも助けを拒まれるのではないかという不安が生じる。それは「人助けの規範」と「他人のプライバシーを尊重する」[*24]という規範とが、「相互に矛盾している」[*25]からであるという。

プライバシーとは他者の視線から見えなくなる自由の確保である。私たちはその空間の中でようやく一息ついてリラックスできるようになる。

プライバシーに踏み込むことは現代において重罪である。仕事で「お客様」に声掛けをすることは容易でも、隣の家で児童虐待が起こっていたとして、インターホンを押すという行為は大変な勇気を必要とする。緊急事態でなくとも、職場空間を一歩出れば、見ず知らずの他人に話しかける行為のハードルは高くなる。

私たちは労働や役割を通じてしか他者に関われないように訓練されている。

人間の条件

小学生の頃、私は誰にでも話しかけた。電車の中では目的の駅に着くまでに話しかけた相手と友達になっていた（少なくとも私はそういう感覚を抱いていた）。

話しかける対象はたまたま居合わせた隣の人であり、年齢や性別や国籍も関係なかった。今でも少しそういった面が残ってはいるが、さすがに電車で誰にでも話しかけるようなことはなくなった。人並みに自意識やプライバシーの感覚を身につけるようになった。

むしろ、私はある時期以降、「一人でいることが好き」な人間になっていった。

そもそも私自身はコミュニティに属することへの規範形成にやや失敗してきた。学校が嫌いで高校は一年で中退した。両親は愛し合っていたが結婚はしておらず一緒にも住んでいなかったので、母――父――私の三者関係はパートタイム家族そのものだった。

中学生になるまで祖父母の家に預けられていた私も、父と暮らしたことはなく、母とも三年ほどしか暮らしたことがない。親子関係の不和で中学三年の頃にはすでに一人暮らしをしていた。一人でいる方が精神的にはまだ楽だと思ったのであり、単独行動こそが「自由」だと思っていた。

　しかし、後に強く感じたことは、むしろ「一人でしか自由を感じることができない」という不自由である。私は自由ではなく、そういった関係の持ち方しかできない不自由な存在であるというような意識に変わった。誰にでも話しかけたあの頃に比べて私は不自由になった。

　ハンナ・アーレント『人間の条件』によれば「『私的』“private”という用語は、もともと『欠如している』privativeという観念を含む」として、「完全に私的な生活を送るということは、なによりもまず、真に人間的な生活に不可欠な物が『奪われている』deprivedということを意味する。すなわち、他人によって見られ聞かれることから生じるリアリティを奪われている[*26]」のであるという。

　建築家の山本理顕氏は、「他人によって見られ聞かれることから生じるリアリティを奪われている」というのは、「公的な領域に参加する自由を奪われているという意味である[*27]」と説明する。そして、「徹底して私的領域であると私たちが思い込んでいる[*28]」のが現代の「住宅」のあり方だと言うのだ。

他者と「出会えない」社会

山本理顕『権力の空間／空間の権力』によれば、第一回万国博覧会（1851年ロンドン開催）において「世界初の住宅展示場」が開設され、あるモデルハウスが展示された。〈アルバート館〉という労働者階級生活改善協会が建設した労働者専用住宅である。それは「建築空間に対する従来とはまったく違うテーマ」で設計され、「人間がどのように行動するのか、その動き方をできるだけ合理的にしようとする考え方[*29]」で建てられたという。

同じ頃、フランスでも同じような考え方で労働者専用住宅が建設され、その舞台となった工業都市ミュルーズは「フランスでは最初の大規模労働者都市[*30]」となった。

そこで新たなテーマとされた「人間がどのように行動するのか、その動き方をできるだけ合理的にしようとする考え方」とはどういったものだったのか。それは住人が「できるだけ相互に出会うことのない」「外側と接触するような場所を持たない[*31]」ようにするための隔離空間を作るというコンセプトであった。

フランスではこの直前に人びとが集まって「二月革命」を起こした。働き方や賃金、男女の扱いに対する不平等など、人びとは集結して様々な待遇の改善を要求した。

「人びとが集まるということがいかに危険か、再び二月革命のような暴動を起こさせないようにするためには労働者たちをどう扱ったらいいのか、それを身に染みて知ったのが産業資本家たちである」[*32]。「労働者たちをいかに管理するか」[*33]、その目的のために設計された「住む人たちを相互に〝隔離する〟ための住宅」[*34]。このコンセプトこそが「産業資本家の強い意志」[*35]であったのだという。

私はかつて深夜の工場で働いていたことがあったが、工場の敷地内には遠方から単身赴任で来ていた社員のための寮が完備されていた。食事は工場内の食堂で食べ、労働を終えると寮に帰り寝る。

福利厚生で住宅費は軽減され、通勤時間もなく大変に好待遇である。とは、まったく思えなかった。生活が労働だけに特化され、「機能的過ぎる」からだ。生活のために働くのですらない。働くために生活しているのだ。

私たちの暮らす高度産業社会は、あまりに機能的過ぎるが故に「他者」との「出会い損ね」を生じさせてしまっている。「いつの間にか仲良くなっていた」ということが起こりにくいのだ。

日本では特に、自分の家族以外に関わりを持たない人が諸外国に比べ多い社会である。友人や同僚、趣味のサークルや地域の人との交流が「まったくない／ほとんどない」人の割合は、ＯＥＣＤ（経済協力開発機構）加盟国20カ国中トップになっている。[*36]

内閣府「生活状況に関する調査（平成30年度）」によれば、40歳から64歳までの中高年層の「ひきこもり」が全国で61・３万人いると推定されている。すべての世代を含めると１００万人以上は存在するとも言われている。

家庭、あるいは職場や学校以外の居場所を指す言葉で「サードプレイス（第３の居場所）」という概念がある。利害や役割を抜きにした人間関係を育む「場」がなければ、社会参加とはすなわち職場に通うことだけに特化されてしまう。だから退職をして以降、人間関係が極端に減少してしまうのである。

高齢者（65歳以上）に「長生きすることは良いことだと思う」かどうかを調べた調査[*37]がある。会話の頻度が「毎日」の人は、「とてもそう思う／ややそう思う」という回答を約３分の２の人がしている。一方で、会話の頻度が「２週間に１回」以下の人は、「まったくそう思わない／あまりそう思わない」が半数を超える。

安楽死を選択する自由の是非を議論する前に、すべきことがあるように思う。それは、イギリスのように「孤独担当大臣」を設けることではないだろう。

「民主主義の起源は、変革期の地方の酒場にある」

近年、貧困化が進んでいる日本では各地に「子ども食堂」や「大人食堂」が作られている。子どもだけでなく、この活動で助かっている人たちは多くいるだろう。

一方で、だから地域の助け合いがこれからは必要なのであると結論づけるわけには当然いかない。日本の貧困化自体はストップしていないからであり、「行政や政策の欠如を民間のサポートで埋め合わせる」ことで、むしろ貧困化の現状は維持されてしまう。

かと言って、貧困化自体を防ぐ政策が実行されない限りは「子ども食堂」などの場所は必要不可欠であることには変わりない。しかも、地域の身近な頼れる場所の出現によって、それまでは「よそよそしい他人」であった人たちの間に「関係性」が生まれるとすれば、その意義は大きい。

サードプレイスの概念を提唱した社会学者のレイ・オルデンバーグによれば、アメリカでの「民主主義の起源は、変革期の地方の酒場にある」[*38]のだという。「民主主義のプロセスに欠かせない友人や隣人の気軽な集まりを阻止する手段は、なにも独裁者の公式な命令や政策に限らない」「わたしたちは、大量建築技術と、土地利用規制条例と、想像力に欠ける都市計画を組み合わせることによって、そうとは知らずに同じ結果を招いている」[39]。

イーフー・トゥアンは、スペース（空間）とプレイス（場所）という概念をそれぞれ区分している。「『空間』は、『場所』よりも抽象性を帯びている。最初はまだ不分明な空間は、われわれがそれをもっとよく知り、それに価値をあたえていくにつれて次第に場所になっていく」[40]。

それは例えば、他人から見れば「月並み」な家族旅行の写真であっても、「その旅行をした当人にとっては、映し出される一枚一枚のスライドは、足に感じた暖かな砂の感触といった、スライドの上には現れてこない親密さを暗示している」[41]ような感覚であるという。

ベーシックスペースなき社会

私は本書で「ベーシックスペース」の提案をした。しかし、それが「まるでシュルレアリスムの絵画のよう」に「規格化されすべてが標準化された住棟がどこまでも続く風景」[42]であってはならないと思う。

政府は財源を用意できても、固有の価値を持った「場所」までは作れない。そこにはまさしく山本氏のような建築家、アーティストや職人、そして「都市を作る」意思を持った無数の人びとの協働が必要である。

商品として売り出されていないものを選んで買うことはできないように、「作る」に対して「選ぶ」という行為は能動的なように見えて受動的である。「それをもっとよく知り、それに価値をあたえていく」喜びを奪われている。

「私たち」の住宅や場所を自ら能動的に「作る」という発想に、私たち自身が馴染んでいない。しかし、それぞれのアイデアや願いが反映され、建築という目に見える形で現れてきたらどうか。そして、それが後に続く世代にも「見られる」と考えればどうか。そこには心地よい責任感と誇りが生まれるのではないか。

銀行にお金を借りて住宅ローンを組み、長年働いて借金を返すというサイクルが回り続ける「ベーシックスペースなき社会」では、労働に特化した住居と人間が量産され、生活空間そのものが「工場内の寮」となってしまう。

日常空間に「友人や隣人の気軽な集まり」がないところで「民主主義」など機能するはずもない。不平等の拡大と個人空間化は、実のところ表裏一体である。

それは最終的に、プライスレスpriceless（お金では買えない／値踏みすることができない）な「出会い」の喪失でもあるのだ。

*1　「現代の日本の親は、子育てを頑張りすぎるくらい頑張っている」——「揺さぶられっ子症候群」裁判から考える（広井多鶴子、柳原三佳、「現代ビジネス」講談社、２０１９年12月16日）
https://gendai.ismedia.jp/articles/-/68809

*2　厚生労働省２０１９年人口動態統計年間推計

*3　GLOBAL NOTE（２０１７年）
https://www.globalnote.jp/post-3758.html

*4　参議院調査局第三特別調査室「歴史的に見た日本の人口と家族」
https://www.sangiin.go.jp/japanese/annai/chousa/rippou_chousa/backnumber/2006pdf/20061006090.pdf

*5　「15歳未満の子どもの数（１５４１万人）」総務省「人口推計（２０１８年10月1日現在）」
「ペットとして飼われている犬猫の頭数（１８５５万頭）平成30年（２０１８年）」全国犬猫飼育実態調査（一般社団法人ペットフード協会調べ）

*6　アンソニー・ギデンズ『親密性の変容　近代社会におけるセクシャリティ、愛情、エロティシズム』松尾精文、松川昭子訳、両立書房、１９９５年

*7　名部圭一「流動化する愛―電車男はなぜ『告白』しなければならなかったのか」（『現代文化の社会学入門　テーマと出会う、問いを深める』所収　小川伸彦・山泰幸編著）、ミネルヴァ書房、２００７

年、10～11ページ
＊8　野口裕二『ナラティヴと共同性　自助グループ・当事者研究・オープンダイアローグ』、青土社、２０１８年、75ページ
＊9　今村仁司『貨幣とは何だろうか』、ちくま新書、１９９４年、92ページ
＊10　同書85ページ
＊11　同書84ページ
＊12　同書85ページ
＊13　同書１０２ページ
＊14　同書81ページ
＊15　同書１０４ページ
＊16　２０１９年版「少子化社会対策白書」内閣府２０１９年6月発表／国立社会保障・人口問題研究所「出生動向調査」（２０１５）
＊17　イーフー・トゥアン『個人空間の誕生』阿部一訳、ちくま学芸文庫、２０１８年、93ページ
＊18　同書93ページ
＊19　同書１１９ページ
＊20　同書93ページ
＊21　同書２２５ページ
＊22　ビブ・ラタネ、ジョン・M・ダーリー『冷淡な傍観者　思いやりの社会心理学』竹村研一、杉崎和子訳、ブレーン出版：新装版、１９９７年、１６６ページ
＊23　同書66ページ
＊24　同書33ページ
＊25　同書34ページ

＊26　ハンナ・アーレント『人間の条件』志水速雄訳、ちくま学芸文庫、１９９４年、87ページ
＊27　山本理顕『権力の空間／空間の権力　個人と国家の〈あいだ〉を設計せよ』、講談社新書メチエ、２０１５年、20～21ページ
＊28　同書25ページ
＊29　同書58ページ
＊30　同書71ページ
＊31　同書78ページ
＊32　同書77～78ページ
＊33　同書74ページ
＊34　同書72ページ
＊35　同書74ページ
＊36　OECD,Society at Glance:2005 edition,2005,p8
＊37　国立社会保障・人口問題研究所「生活と支え合いに関する調査（２０１７年）」
＊38　レイ・オルデンバーグ『サードプレイス　コミュニティの核になる「とびきり居心地よい場所」』忠平美幸訳、マイク・モラスキー解説、みすず書房、２０１３年、１３３ページ
＊39　同書１３８ページ
＊40　イーフー・トゥアン『空間の経験　身体から都市へ』山本浩訳、筑摩書房、１９９３年、17ページ
＊41　同書３５７ページ
＊42　山本理顕『権力の空間／空間の権力　個人と国家の〈あいだ〉を設計せよ』、１７４ページ

［参考文献］
ウォルター・シャイデル『暴力と不平等の人類史　戦争・革命・崩壊・疫病』鬼澤忍、塩原通緒訳、東洋経済新報社、２０１９年
トマ・ピケティ『21世紀の資本』山形浩生、守岡桜、森本正史訳、みすず書房、２０１４年
ケネス・シーヴ、デイヴィッド・スタサヴェージ『金持ち課税』立木勝訳、みすず書房、２０１８年

謝辞

不思議な熱を放っている一冊の本を読み終えたとき、日常世界に新たな言葉の数々が追加され、良くも悪くも物事の見方を変えてしまう。この本が少しでも良き方向への道しるべとなることを切に願う。

ある大人数の酒の席でたまたま居合わせた隣の人、それが編集の小松現さんだった。どこの誰とも知らず何気なく話しかけた私は、その後とても驚くことになる。私が持っている光文社新書の本は、ことごとく彼が担当したものだったのだ。

プロローグでは経済学者という呼称を枕詞に使用した。あくまで便宜上のものだ。私にとって松尾さんも井上さんも、人としての興味が先行している。なにか興味深いことを言っている面白い人がいて、その人がたまたま経済学者だった、という方が正確である（〝見せ方〟

が違うだけで、二人はよく似ていると思う）。

同様に、私にとって本書は日常の様々な場面で交わしてきた言葉の蓄積によるものである。その中でも特に直接の助言をもらい、あるいは支えてもらった友人たちにも補って余りあるほどの感謝を贈りたい（松村舞子さん、白崎一裕さん、中村哲治さん、谷垣清二さん、加藤賢さん、伊藤静香さん、寺井千晴さん、望月慎さん／出会った順）。

また、カバーデザイン（水戸部功さん）や校正など本書の制作に携わっていただいたすべての方々にこの場を借りて感謝の意を表したい。

最後になりましたが、本書を読んでいただいた読者の方々にもお礼を申し上げたいと思います。ありがとうございました。

２０２１年２月

高橋真矢

本文図版制作　デザイン・プレイス・デマンド

著者プロフィール

松尾匡（まつお ただす）

1964年、石川県生まれ。'87年、金沢大学経済学部卒業。'92年、神戸大学大学院経済学研究科博士課程後期課程修了。経済学博士。
久留米大学経済学部教授を経て、2008年、立命館大学経済学部教授。著書に『自由のジレンマを解く』『ケインズの逆襲、ハイエクの慧眼』（以上、PHP新書）、『この経済政策が民主主義を救う』（大月書店）、『そろそろ左派は〈経済〉を語ろう』（共著、亜紀書房）、『新しい左翼入門』『左翼の逆襲』（以上、講談社現代新書）などがある。

井上智洋（いのうえ ともひろ）

駒澤大学経済学部准教授。経済学者。慶應義塾大学環境情報学部卒業。IT企業勤務を経て早稲田大学大学院経済学研究科に入学。同大学院にて博士（経済学）を取得。2017年から現職。専門はマクロ経済学、貨幣経済理論、成長理論。人工知能と経済学の関係を研究するパイオニア。著書に『人工知能と経済の未来』（文春新書）、『ヘリコプターマネー』『純粋機械化経済』（以上、日本経済新聞出版社）、『AI時代の新・ベーシックインカム論』（光文社新書）、『MMT』（講談社選書メチエ）などがある。

高橋真矢（たかはし まや）

兵庫県生まれ、現在、大阪府在住。高校中退、高卒認定（旧大検）取得、夜間学部大学卒業。現役不安定ワーカー。
tkmayaxx@gmail.com

資本主義《しほんしゅぎ》から脱却《だっきゃく》せよ

貨幣《かへい》を人《ひと》びとの手《て》に取《と》り戻《もど》す

2021年3月30日初版1刷発行

著　者 —— 松尾匡　井上智洋　高橋真矢
発行者 —— 田邉浩司
装　幀 —— アラン・チャン
印刷所 —— 萩原印刷
製本所 —— ナショナル製本
発行所 —— 株式会社光文社
東京都文京区音羽1-16-6（〒112-8011）
https://www.kobunsha.com/
電　話 —— 編集部03（5395）8289　書籍販売部03（5395）8116
業務部03（5395）8125
メール —— sinsyo@kobunsha.com

落丁本・乱丁本は業務部へご連絡くだされば、お取替えいたします。

ISBN 978-4-334-04526-5

光文社新書

1121

ルポ 婚難の時代

悩む親、母になりたい娘、夢見るシニア

筋野茜
尾原佐和子
井上詞子

住職がサポートする「寺コン」、親が相手を探す「代理婚活」、コロナ禍での「オンライン婚活」など、十人十色の婚活模様と日本人の結婚観を共同通信の女性記者三人が徹底取材！

978-4-334-04528-9

1122

未来は決まっており、自分の意志など存在しない。

心理学的決定論

妹尾武治

「我々の自由意志とは錯覚であり、幻想である」――心理学、生理学、脳科学、量子論、人工知能、仏教、哲学、アート、文学、サブカルを横断し、気鋭の研究者が世界の秘密に挑む。

978-4-334-04529-6

1123

ドレミファソラシは虹の七色？

知られざる「共感覚」の世界

伊藤浩介

「真っ赤な嘘」は、なぜ赤色？「いろいろ」は、なぜ「色々」？音や文字に色を感じる〝共感覚〟はなぜ生じるのか。気鋭の脳科学研究者による、ヒトの認知の不思議に迫るスリリングな一冊。

978-4-334-04530-2

1124

巨人軍解体新書

ゴジキ
(@godziki_55)

ファンもアンチも日本一多い球団、読売ジャイアンツの「勝利の哲学」とは。巨人軍の21世紀のスター選手たちを振り返りながら、パ・リーグへの対抗策を考える。

978-4-334-04531-9

1125

20世紀論争史

現代思想の源泉

高橋昌一郎

現代の思想を理解するためには、20世紀の偉大な知性が議論を重ねた諸問題を踏まえなくてはならない。「教授」と「助手」が時にユーモラスに対話しながら道案内を務める知の論争史。

978-4-334-04532-6